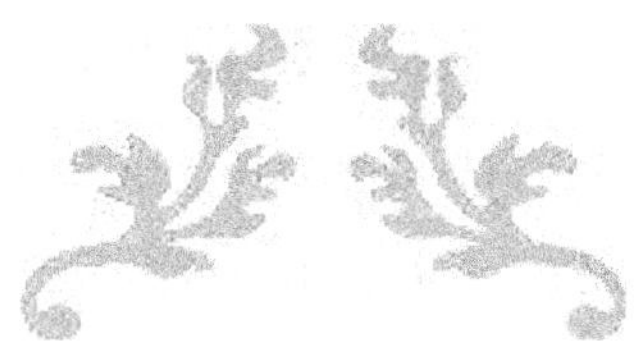

Incontri per Donne: Come Flirtare con gli Uomini, aumentare la tua intelligenza sessuale, imparare come ottenere il ragazzo e sedurlo dal primo appuntamento

ACCADEMIA DELL'AMORE

Le informazioni qui contenute sono fornite esclusivamente a scopo educativo e sono universali. La presentazione dei dati è senza accordo contrattuale o qualsiasi tipo di assicurazione di garanzia.

Tutti i marchi all'interno di questo libro sono solo a scopo di chiarimento e sono posseduti dai proprietari stessi, non alleati con questo documento.

Disclaimer

Tutta l'erudizione fornita in questo libro è specificata solo per scopi educativi e accademici. L'autore non è in alcun modo responsabile dei risultati che emergono dall'utilizzo di questo libro. Sono stati fatti sforzi costruttivi per rendere le informazioni precise ed efficaci; tuttavia, l'autore non deve essere ritenuto responsabile dell'accuratezza o dell'uso/abuso di queste informazioni.

Prefazione

Vorrei ringraziarti per aver fatto il primo passo di fidarti di me e aver deciso di acquistare/leggere questo libro che trasforma la vita. Grazie per aver investito il tuo tempo e le tue risorse su questo prodotto.

Posso assicurarvi dei risultati precisi se seguirete diligentemente il programma specifico che metto a nudo nel manuale informativo che state controllando. Ha trasformato delle vite, e sono fermamente convinto che trasformerà anche la vostra vita.

Tutte le informazioni che ho fornito in questo pezzo Do It Yourself sono facili da assorbire e praticare.

Tabella dei contenuti

INTRODUZIONE

Le pagine che stai per leggere espongono tutto ciò che devi sapere per uscire e avere relazioni con gli uomini con successo.

Questo libro ti insegnerà come gli uomini pensano, escono e si accoppiano, in modo che navigare nel mondo degli appuntamenti sarà facile come cambiare una lampadina: basta buttare via quella vecchia, prenderne una nuova e scoparlo.

La conoscenza in questo libro può cambiare la tua vita in due modi significativi:

1. Circa il novanta per cento dei cosiddetti esperti di relazioni stanno solo mettendo cerotti sulle ferite delle relazioni. Non stanno insegnando alle donne come controllare gli uomini abbastanza bene per entrare in relazioni calde e sane. Se ascolti abbastanza bene, un uomo molto probabilmente ti dirà tutto quello che dovresti sapere su cosa prova per te, cosa sta facendo, cosa farà dopo, ti insegnerò come controllare questi segni.

2. Le donne che conoscono veramente gli uomini possono batterli al loro stesso gioco, e prendere la via più veloce per scoprire relazioni piacevoli. Tutte le donne possono coprire le loro menti accanto al comportamento dei cattivi ragazzi e usarlo a loro vantaggio in qualsiasi relazione.

Questo libro è scritto per insegnarti come ottenere anche questo. Si tratta di una questione di empowerment emotivo, che ti permette di agire, che trasformerà il tuo modo di vivere e di amare.

Il corteggiamento è come una danza: gli uomini conducono e le donne seguono. Le donne proattive, invece, pestano i piedi quando è necessario e fanno durare quel ballo per anni. Questo libro aiuterà le donne ad essere dinamiche dando loro la verità e la conoscenza del potere di condurre una relazione nella direzione che preferiscono.

L'obiettivo primario di questo libro non è come quello di qualsiasi libro di orientamento sulle relazioni là fuori: Farvi capire che gli appuntamenti hanno a che fare con il portare il vostro sé con una nuova e sicura comprensione del modo in cui funzionano gli appuntamenti. Farvi capire che uscire con qualcuno non significa rimorchiarlo o manipolarlo. È qualcosa da studiare, assimilare e conservare in fondo alla mente. È qualcosa che dovrebbe diventare una parte di te, qualcosa a cui attingerai più tardi quando coglierai ogni occasione per prendere in mano la situazione e incontrare gli uomini faccia a faccia il più spesso possibile.

Sarai sorpreso dai cambiamenti che vedrai nella tua vita di appuntamenti se farai uno sforzo per leggere questo libro e applicarlo ad ogni Mr. Right che viene sulla tua strada.

Chi è un cattivo ragazzo?

Ammettilo: desideri uscire con i Bad Boys. Nonostante quello che ti ha detto tua madre, sono i migliori fidanzati. Sono i migliori, amano le donne e sanno come eccitarti. Lascia che te lo descriva.

BadBoy (n.) Un uomo accattivante, divertente, apertamente positivo, che è sexy, in gran forma, e alto a letto. È smaccatamente "uomo", ama le donne, ha molte amiche, e non bacia e non racconta. Non si impegna per scelta, non per paura. La cosa più importante è che prospera nell'essere cattivo.

Sarei indorante nella definizione se non parlassi della parte "cattiva". Un uomo del genere è cattivo perché "ha il tuo numero", sa come manipolarti, e può non vedere le perdite femminili come un problema. Spesso non ti vede come una persona, ma invece come un problema o un caso di studio. Per molti Bad Boys, l'inseguimento è più significativo della cattura. Il risultato? I cuori sono spezzati, il tuo bisogno di avvicinarti viene ignorato, e lui va al suo prossimo "obiettivo", ricordandoti solo come un'esperienza.

Esempi: I grandi Bad Boys di Hollywood hanno incluso George Clooney, Colin Farrell, Johnny Knoxville, Jude Law, Jack

Nicholson, Snoop Dogg, Vince Vaughn, Warren Beatty e John Mayer.

I Bad Boys sono di tutte le dimensioni e forme. Sai quando un Bad Boy entra in un posto: La sua sicurezza e il suo successo passato con le donne sono esposti nel suo costante contatto visivo, il suo ritmo lento e specifico, e gli sguardi accecanti che riceve dagli altri uomini. Le donne nel locale si agitano come cervi in una pozza d'acqua. Lui è istantaneamente il re di qualsiasi dominio in cui entra, e non sente il bisogno di provare se stesso. Semplicemente lo è.

Devozione alla causa.

Bad Boy studia le donne con lo stesso entusiasmo e devozione con cui i premi Nobel perseguono il mondo accademico. Invece, molto probabilmente ottiene qualcosa di molto meglio, qualcosa che ogni uomo sulla terra desidera: una capacità indiscutibile di sedurre le donne basandosi esclusivamente su chi è attivo. Le donne non sono portate per il suo status, il suo conto in banca o la sua intelligenza; invece, può affascinare le donne basandosi strettamente su se stesso.

La maggior parte dei veri Bad Boys arco nato o allevato in occasione, una coppia fortunata di inciampare e inavvertitamente cadere in recitazione gravemente come un modo per avere successo con il sesso opposto, convocati per una vita investito perseguendo la comprensione delle donne.

Perché devono piacerti

Ci sono stati tutti i tipi di studi fatti sul perché le donne sono attratte da questa parte "cattiva" negli uomini. Per noi, Bad Boys, si tratta solo di chiacchiere cliniche. Le donne hanno per lo più la possibilità di fare meglio se scelgono solo i maschi alfa più forti, e gli uomini hanno la migliore opportunità di diffondersi se possono attirare molte donne.

La poligamia è uscita con il corpetto; per questo motivo, il problema nella datazione. Ti piaccio, desideri le mie attenzioni romantiche e vuoi che esca con te in modo monogamo.

Anche se pensate che non vi piacciano i Bad Boys completi, ogni donna ha bisogno di un uomo con una marcia in più per tenerla in caldo.

Chi non è.

Sento la parola giocatore considerata molto spesso per descrivere uomini che cercano una moltitudine di donne. Questo è quello che sono qui per rompere per voi, e dirvi che i Bad Boys e i giocatori non sono le stesse cose - Lasciatemi spiegare:

Giocatore.

Si vanta delle sue conquiste.

Si preoccupa profondamente dei suoi numeri".

-Ha un'aria economica.

-Fa un gioco per ottenere i numeri di telefono delle donne.

-Ha una notevole comprensione delle donne e si preoccupa di sapere solo quanto basta per portarsele a letto.

Bad Boy.

È molto ingannevole e difficilmente parla della sua vita privata.

Si diverte ad esplorare i diversi "tipi" di donne.

-È positivo.

-Amano le donne.

La maggior parte delle ex fidanzate dell'uomo sono ancora sue amiche e non desiderano la sua morte imprevista.

In sintesi, un giocatore spesso vede le donne come tacche sul suo letto - non le ama veramente, né gli interessa conoscerle. Un giocatore vuole ubriacare le donne e approfittarne; non gli interessa come una donna viene sedotta, basta che vada a letto con lui. Vede le donne come un gioco. La maggior parte dei giocatori sono uomini più ricchi che predano i cercatori d'oro, le ragazze ubriache o le donne ignare. Un giocatore può diventare rapidamente il perdente disoccupato in fondo all'isolato che capisce di avere il tempo. Se vuoi sapere cosa cercare per evitare questa persona, concentrati qui.

Come individuare un giocatore

- Ha più amici maschi che femmine.

- Può avere soldi e "oggetti di scena" eleganti: vestiti, automobili e orologi.

- È uno che fa nomi e cognomi.

- Fa promesse che non manterrà mai.

- Comincia a toccarti - la schiena, il braccio, ovunque - dal momento in cui vi incontrate, in un modo che potrebbe colpirti come molto più intimo di quanto la vostra relazione giustifichi.

- Noterete che qualcosa in lui è squallido, anche se non potete metterci il dito. Se avete bisogno di metterci il dito, lavatevi con acqua calda e sapone.

I giocatori possono alla fine diventare eroi, ma è meglio sapere cosa si sta facendo fin dall'inizio. È probabile che non sarete voi a cambiarlo, quindi proseguite in fretta se volete evitare lo strazio che ne consegue.

Il mito del bravo ragazzo

È probabile che non vi innamorerete mai di un semplice vecchio bravo ragazzo. Questo non vuol dire che non incontrerete una persona nervosa che sia adatta a voi. O che non sarai attratta da un ragazzo eccezionalmente educato.

In quel mondo chiamato verità, ogni uomo ha un po' di Bad Boy in sé, e le donne non vorrebbero che fosse diversamente.

Non c'è niente di bello nel bello.

Un bravo ragazzo è un ragazzo che vorresti accarezzare sulla testa come un cucciolo, dicendo: "Aww, non sei dolce". È molto probabilmente l'amico che adorate ma con cui non uscireste mai. Il ragazzo gentile non può farti eccitare. Le persone gentili non possono nemmeno "portarti" da nessuna parte. I ragazzi carini, per quanto riguarda le donne, potrebbero anche avere la scritta WELCOME stampata sulla testa perché li usate come zerbini, il che è triste perché un sacco di ragazzi carini sarebbero ottimi partner, se non per una cosa: non vi fanno sentire al sicuro. Oppure sono eccitati.

La stessa ragione per cui la natura ti consiglia di puntare su un maschio alfa è il motivo per cui non puoi essere attratta dal "bello". Nella vita, bello è uguale a debole, e debole è uguale a pericolo. Le donne desiderano sentirsi sicure e protette. Anche se sei una donna potente, vuoi comunque stare con qualcuno che ha delle sale. No?

Ecco come ottenere un ragazzo con la giusta quantità di Bad Boyishness.

1. Esci con diversi tipi di uomini di numerosi percorsi di vita: uomini d'affari, fantasiosi, atletici, all'aria aperta, e così via (ma non andare a letto con nessuno di loro).

2. Esci con precisione al di fuori di quello che considereresti il tuo "tipo" abituale, e comincia a sviluppare un'idea di quello che

ti piace e non ti piace; tieni una tabella, se ti aiuta. Chiediti quali sono le qualità più importanti per te. È nervoso, responsabile, educato, un buon baciatore?

3. Se una persona ti fa eccitare, allora continua a frequentarla, ma non farti coinvolgere troppo emotivamente subito. Fai un passo indietro e chiediti: "Cosa mi fa desiderare così tanto da lui?

4. Confronta gli uomini che ti rendono sexy con l'uomo che consideri un bravo ragazzo. Puoi sentirti libera di usare gli uomini gentili nella tua vita per tenerti occupata in modo da non essere troppo disponibile per il "figo" che ti piace. Gli uomini gentili non impareranno ad essere cattivi dal tuo essere gentile con loro; gli stai facendo un favore!

5. È possibile che se ti eccita, è una "persona genuina". Fagli sapere (senza dirlo!) che conosci il suo desiderio di essere virile. Questa "accettazione", se vuoi, ti separerà dal 90% della popolazione femminile. Significativo, se lui è un po' chiassoso spesso se ha un passatempo - una bicicletta, per esempio - o anche uno sport a cui deve solo dedicare del tempo", allora accoglietelo, ma fategli sapere che non farete il secondo incomodo tutto il tempo. In questo modo, non sei lì come riempitivo tra il suo "tempo da uomo" e il lavoro. Diventi parte del suo tempo da uomo.

Il fatto che tu stia leggendo questo libro significa che sei attivamente alla ricerca di dettagli che ti permetteranno di capire meglio gli uomini, e quindi di divertirti di più con il tipo di uomo che ti fa eccitare ma non così tanto da bruciarti. Sei sulla buona strada! Se fai attenzione ai consigli di questo libro, ti prometto che sarai in grado di gestire il calore.

Come i cattivi ragazzi aiutano a tirare fuori il meglio dalle donne

I Bad Boys non suonano bene, vero? Ma per lo più vuoi essere intorno a qualcuno che tira fuori il meglio di te, e questo spesso significa che un ragazzo si comporta male. Questi tipi di uomini possono far ribollire il tuo sangue e tirare fuori con successo le vibrazioni e lo spirito nel tuo corpo. Come ogni donna ha un lato piccante di se stessa, ogni uomo ha un piccolo diavolo in sé, e alle donne piace usarlo.

Questo a volte fa sì che gli uomini gridino contro le donne in preda alla frustrazione. Ma permettere a queste emozioni di uscire è una buona cosa. Gli uomini lo fanno raramente, ed è solo uno dei modi in cui le donne possono essere più divertenti degli uomini: Dovresti essere divertente, sensibile, intelligente, parlare delle tue "emozioni" e avere uno sporco senso dell'umorismo.

I modi in cui i cattivi ragazzi ti eccitano

Permettere a un uomo di attingere al tuo lato divertente, cosa che il tuo ex ragazzo potrebbe essere stato troppo stupido o troppo pigro per provare, può essere ottimo per entrambi. Non sei sicura se stai con un Bad Boy o no? Un Bad Boy usa alcuni trucchi con le amiche o le fidanzate. Qui sotto ci sono alcune strategie, vedi se qualcuna di esse ti sembra familiare:

1. Dirti: "sei bellissima": Ogni donna è in qualche modo unica in se stessa, e un uomo può prestare particolare attenzione a notare ogni curva e ogni manierismo. Per esempio, alcuni uomini raramente vanno per il complimento apparente. Invece, lodano una fossetta, il colore dei suoi capelli, il suo naso, o il modo carino in cui cammina.

Alcuni uomini si complimentano con una donna per la sua bellezza in un modo che è speciale per lei.

2. Incoraggiare la cattiveria

Un ragazzo può incoraggiare la donna con cui sta per aprirsi sulle fantasie. Non la giudica per quello che ha fatto in passato.

Si diverte con alcune forme lievi di dirty-talking e giochi. Non bacia e non racconta.

È essenziale che una donna si senta sicura nel sentirsi cattiva, ed è compito dell'uomo creare quell'ambiente sicuro. Le donne sono per lo più altrettanto cattive degli uomini, ma la società in qualche modo ti etichetta quando scegli di esprimere quei tipi di pensieri, ma dovresti sentirti sicuro e aperto in camera da letto.

3. Lotta occasionale

Ti è mai capitato di incontrare un uomo che sembra scatenare una rissa con te senza una ragione evidente? All'inizio di una relazione, un uomo può spesso premere di proposito i bottoni di una donna per vedere di che pasta è fatta. Si impara molto su un uomo da come si comporta quando è arrabbiato.

Questo non è un modo per promuovere la violenza fisica, l'ostilità o le battaglie inutili. Alcune donne non esprimono il modo in cui si sentono, ma lo imbottigliano fino a quando non si riversano in una filippica. Tieni solo a mente che non puoi reclamare le parole, e che è meglio che tu sia in grado di farle se le tiri fuori.

Tutto si riduce al fatto che il fascino, la cattiveria e anche le risse fanno sentire sia gli uomini che le donne attivi e attuali. Così come motivare queste azioni è uno dei talenti significativi dei Bad Boys.

CAPITOLO DUE

Dentro la mente dell'uomo

È essenziale imparare a sfruttare esattamente il modo in cui pensano gli uomini. Questo è un modo eccellente per mantenere un uomo.

Sembrare eccellente e vestirsi con la convinzione di voler attirare gli uomini fornisce un'alternativa alla donna. Chiarirò: hai ascoltato un sacco di "occhiali da birra", quando un ragazzo vede una donna più sexy di quanto non sia veramente perché è ubriaco. Se approfitti di quello che ho creato in questo libro, gli uomini cominceranno a vederti con chiarezza.

Gli uomini non desiderano passare tutta la loro vita con delle teste d'aria. Non importa quanto sensibili e saggi possano essere gli uomini, all'inizio sono portati dalle tue apparenze e dalla tua sensualità. Sii meravigliosa, e quando hai gli uomini che girano come squali in alto mare, è il momento di chiacchierare un po' di sentimento dentro di loro, e far interessare le loro menti al "resto" della tua splendida intelligenza, dal collo in su.

Le donne che capiscono e usano le sfaccettature più significative del loro corpo sono quelle che hanno le migliori scelte nei ragazzi! Ogni componente del corpo di una donna deve essere utilizzato per regolare un uomo. Vi sembra severo? Il mio obiettivo non è quello di esternarti; è solo quello di ispirarti a diventare un oggetto di bisogno. I pavoni hanno pennacchi per attirare il sesso contrario con, paragonabile a te, hanno il tuo aspetto. Dovete sempre tenere a mente il messaggio che state inviando. Quando cercate di attirare e mantenere dei possibili compagni, dovete pensare a queste cose.

Finestra di casa Dressing

Perché una donna single dovrebbe vestire con i suoi buoni amici o soci in mente? È preoccupata per quello che le altre donne penseranno di lei?

Qualunque sia il fattore, questa tecnica da sola potrebbe uccidere il tuo amore.

Il numero uno dei mezzi per aumentare le vostre possibilità di portare in Mr. Right sostanzialmente è quello di credere caldo prima > dopo quello stile. Gli sguardi che sono cool e anche eleganti sono, di solito, assolutamente buttati via sul 99,9 per cento della popolazione maschile. Non ci potrebbe importare di meno riguardo al tuo Manolo blah Blahniks o Jimmy Choo choo. Rimanete con Payless; non potrebbe importarci molto meno.

Prendi una cosa da noi: Quando si tratta di abbigliamento, i ragazzi sono attraenti e comodi per le femmine, di solito perché l'ordine. Presumiamo anche che ti piace riconoscere ciò che i nostri corpi appaiono come, quindi cerchiamo di utilizzare indumenti che rivelano la forma dei nostri corpi - o lo nasconde, qualunque cosa sia più affascinante.

Alcuni maschi potrebbero non confessarlo; tuttavia, ci piace la punta di "trampy" in qualsiasi cosa indossino le donne). È piacevole e ci eccita.

Agli uomini piace un po' di costo-efficacia: Le donne che usano un po' di magnetismo sessuale sulla loro manica sono escluse dagli uomini come troie; sono considerate databili e anche intelligenti!

Riconosco precisamente quanto le donne possano essere persistenti nel valutarsi a vicenda. Tieni presente che sono gelose e non gli importa se sei a casa da solo il venerdì sera. Al diavolo loro e anche l'outfit per sbarazzarsi dei maschi. I ragazzi si trasformano a guardare un accenno di sensualità un milione di volte più velocemente di una punta di stile. Appena hai la loro attenzione, hai ottenuto delle alternative, ma devi catturare il nostro interesse. Le femmine apertamente eleganti a malapena catturano il nostro interesse. Diamo un'occhiata a quelle ragazze come alta manutenzione, e nella celebrazione insolita che usciamo con uno, siamo solo lì per vedere esattamente come si guardano da tutta quella roba.

Questi indumenti caldi non devono essere tenuti nel vostro magazzino. Una linea guida: Se non senti il formicolio della rabbia quando ti guardi allo specchio, allora è possibile che ti manchi. In generale, è meglio propendere nella direzione del chiassoso se stai cercando di incontrare dei maschi.

Il resto dell'armadio

Se sei veramente interessata a soddisfare un ragazzo, allora qualsiasi cosa tu faccia in nome dello stile, che sia con i tuoi capelli, le tue scarpe, la tua biancheria intima o i tuoi vestiti, devi prendere in considerazione il punto di vista maschile.

Dico "conto" in quanto nessuno desidera soddisfare semplicemente i ragazzi; nemmeno loro dovrebbero: se avessimo i nostri mezzi, le femmine si vestirebbero certamente come cheerleader o metterebbero su denim limitati così come canottiere di stoccaggio trasparenti tutto l'anno. Invece, si vuole sostenere il vostro senso di layout con la vostra comprensione di ciò che gli uomini vedono.

L'armadio di una donna, disegnato da uomini

Biancheria intima

Alcune donne hanno spesso dichiarato che quando indossano biancheria intima grande, anche se nessuno potrebbe vedere, sarà senza dubbio passeggiare e anche parlare in modi diversi, sensazione nelle ossa che hanno un piccolo trucco attraente. Se gli indumenti intimi possono fare questo ad una donna - così come sappiamo attualmente come impatta gli uomini - allora non pensate che dovreste uscire così come ottenere sul vostro proprio alcuni? Avete un sacco di opzioni, e anche, quando si tratta di lingerie, gli uomini come qualsiasi cosa.

Scarpe

Ancora una volta, non ci interessa. Capiamo che vi piacciono. Non capiamo perché li desideriate. Tutto quello che sappiamo è che molti di voi ne hanno l'armadio pieno e abbiamo capito che se spendete molti soldi e tempo per loro, possiamo abbinarli per lusingarvi.

È così piacevole che ha creduto che lui l'avesse indicato. Avete mai ascoltato un uomo affermare: "Beh, le cose che hanno attirato la mia attenzione sono state le calzature di Shirley? Amo quelle pompe, così come quando le ho viste, e ho riconosciuto che lei era la Donna per me"?

C'è uno stile particolare di scarpe che gli uomini vedono, e anche questo è tacchi alti. Di cattivo gusto, e anche non eccezionalmente sensato nelle sabbie di Miami e Los Angeles, ma i maschi lo notano senza dubbio.

Capelli.

I capelli, invece, sono, sigh, tra le caratteristiche più sexy di una donna. I capelli ci prendono e non ci lasciano andare. Pensate alle braccia di polpo. La consistenza, il colore e lo stile non sono importanti. I tuoi capelli devono solo essere puliti, spettinati, appena usciti dal letto. Il mio punto di vista è che la maggior parte delle donne sembrano più sexy con i capelli più lunghi che molto più corti. Agli uomini piacciono i capelli lunghi e sexy soprattutto perché noi non li abbiamo. Inoltre, incredibilmente poche donne possono cavarsela con quella breve somiglianza al ragazzo. La prossima volta che sei fuori in pubblico, controlla come gli uomini guardano le donne con i capelli lunghi contro quelli corti.

Con Internet e miliardi di riviste di moda a portata di mano, hai un sacco di riferimenti. Per favore, pensa in modo sexy e investi il tempo e i soldi per avere il giusto stile. In caso di dubbio, rivolgiti a qualsiasi donna famosa stia ottenendo più attenzione per essere sexy, e copiala.

Qualche altro consiglio essenziale:

Non colorare i tuoi capelli basandoti sui campioni che hai preso al negozio di vernici. Altri disegni da evitare sono una brutta frangia o un mullet. Smetti di tagliare i capelli corti quando invecchi, non ce n'è bisogno.

Abiti

Ogni donna usa un vestito in modo diverso. L'unica regola obbligatoria è quella di scegliere un vestito che metta in risalto le tue parti migliori del corpo. Sia che tu abbia una bella schiena, cosce incredibili o delicati clavicole, fai scorta di modelli che non solo ti stiano bene, ma che mettano anche in mostra questi attributi impressionanti.

La tua forma e anche l'elevazione identificano gran parte di ciò che ti sta bene, ma qui ci sono alcune regole generali di base:

Ragazze più corte

- Indossare i tacchi. I tacchi creano l'impressione di gambe più lunghe. E inoltre, come ho detto, sono sexy!

- Compra un vestito che si appiccichi leggermente, pur permettendo alla tua base di spostarsi rapidamente. Esaminate le classifiche dei "migliori vestiti" sul tappeto rosso.

Supponiamo che tu abbia qualche chilo da perdere, - l'abito di cotone sciolto è il migliore. Offrono ai maschi un suggerimento del vostro fondo e delle gambe senza una foto nitida. Abbiamo un'immaginazione creativa vibrante, così come il ragazzo ti crede di bell'aspetto, non anche peggio.

Ragazze più alte

- Si alzi direttamente, con le spalle indietro, all'altezza del petto.

- Indossa abiti più lunghi che abbracciano un po' le tue gambe. Desiderate un design equipaggiato.

- Scegliete i tacchi o gli appartamenti, a seconda di quanto in alto intendete presentarvi.

- Assicurati che il vestito copra almeno il 60% della tua pelle. Hai una grande quantità di pelle, e un po' va per le lunghe.

- Come per le ragazze molto più corte, gli abiti larghi di cotone che aderiscono un po' sono fantastici per le donne che hanno un peso extra.

Pantaloni e top

Chiamatela la vostra zona "il meglio della fortuna che mi resiste". Sentitevi liberi di abbinare e anche di fondere dal lato molto più "domestico" del vostro ripostiglio, ma tenete sempre a mente: È una giungla là fuori, e anche occasionalmente, paga per diventare un po' selvaggio se volete sostenere!

Occhiali

Assicurati solo di selezionare uno stile fantastico che lusinghi il tuo viso e mantenga le lenti libere da ciglia e anche da impronte digitali. Mi piacciono le ragazze con gli occhiali.

CAPITOLO TERZO

Il segreto del successo degli appuntamenti per le donne

Sapere che non tutti gli appuntamenti porteranno a relazioni coniugali. Spesso, le persone fanno molto meglio gli amici, ma non si possono mai avere troppi amici, giusto? Incontri mobili per le donne è molto di incontrare nuove persone come è trovare il vero amore.

Non essere troppo esigente. Se hai una lista di qualità che ogni potenziale appuntamento deve avere, stai eliminando interi segmenti della popolazione piuttosto che aprirti il più possibile.

Siate aperti a nuove esperienze. Non tutti gli appuntamenti di buon auspicio devono essere in un ristorante a cinque stelle. Vuoi tentare nuove abilità e divertirti un po'.

Iscriviti ai club, vai alle feste, guarda gli sport locali e cerca possibili appuntamenti in posti diversi dal bar o dal club locale. È molto più probabile che tu scopra qualcuno che condivide i tuoi interessi e valori se stai partecipando ad essi, piuttosto che se stai puntellando il bancone di un bar da qualche parte!

Non esitare agli appuntamenti al buio. Uscire con le donne significa incontrare quante più persone possibile, e chi meglio dei tuoi amici e della tua famiglia - le persone che ti conoscono meglio - può aiutarti a farlo? Sì, alcuni potrebbero essere terribili, ma altri no.

Fai uno sforzo. Anche se sei intelligente, divertente, e assolutamente incredibile, se sembri una donna delle borse, gli uomini, che sono animali visivi, molto probabilmente correranno urlando nella direzione opposta! Assicurati di essere ben vestita, di avere i capelli a posto e di essere sempre al meglio.

Come puoi vedere, gli appuntamenti per le donne riguardano più te che i tuoi potenziali appuntamenti. Devi dedicare un po' di tempo ad analizzare le tue motivazioni e il tuo modo di vedere gli appuntamenti se vuoi che i tuoi appuntamenti siano un successo. Una volta fatto questo, vai là fuori e incontra gli uomini - non si sa mai quando la tua anima gemella si farà viva, ma se non stai cercando, potresti semplicemente perderla!

Tenete a mente, mentre la datazione per le donne è tutto ciò che riguarda lo sfogo dei bisogni eccessivi di tanto in tanto; tuttavia, si dovrebbe conoscere la distinzione tra l'essere aperti alle possibilità e l'accontentarsi. Accontentarsi di meno di quanto si è degni non dovrebbe essere un'alternativa!

I siti di incontri sono il modo più popolare e facile per entrare in contatto con uomini nuovi e affascinanti. Con molti siti di incontri su internet, può essere complicato e scoraggiante sapere quale usare. Se sei una signora o una donna e stai cercando di incontrare un uomo che è ben stabilito finanziariamente, allora è necessario iscriversi a siti di incontri che si rivolgono a uomini che soddisfano le linee guida di reddito specifiche.

Alcuni di quelli migliori ti permetteranno di iscriverti come utente senza costi di iscrizione, anche se avrai un accesso limitato in una certa misura. Questo ti permetterà di guardare i molti uomini single ed efficaci disponibili che hanno i loro profili annotati sul sito web. Puoi vedere le loro foto, i dettagli del loro profilo, che ti diranno di più su chi sono e sulle cose che stanno cercando in una ragazza. Il sito vi permetterà di inviare un "occhiolino" per far sapere all'uomo che siete interessati a sapere molto di più su di lui. Questa funzione gli darà anche un link al tuo profilo in modo che possano conoscerti. A volte questo ti fa ricevere email da membri interessati. Poi, se vuoi iscriverti come membro pagante, puoi farlo per permetterti di avere molte più opzioni. Queste consisteranno nella possibilità di inviare email agli altri membri e di partecipare alla chat dal vivo. Inoltre, molte altre alternative più sofisticate saranno possibili come i criteri di ricerca, che possono essere più particolari a ciò che stai cercando in un compagno.

Essere autentici: Sì, è essenziale essere autentici e reali su chi siete. Quando crei il tuo profilo, non travisare te stesso o dire cose che non sono vere. Sì, devi creare l'immagine più elegante e favorevole possibile di te stesso. Ma rimani all'interno delle specifiche per spiegare chi sei. Spiega i tuoi interessi e la tua personalità. Di cosa sei entusiasta? Cosa cerchi in un compagno?

Non concentrarti su nessuna qualità sfavorevole nel tuo profilo. Mantieni tutto ottimista e favorevole.

Foto attuali: Un errore comune che fanno molte donne è pubblicare foto di se stesse che non sono attuali. Questa non è un'idea saggia. Se vi incontrerete, potrebbe rivelarsi un'esperienza deludente perché l'uomo potrebbe pensare che non sei stata sincera con lui. Usa sempre foto attuali di te stessa che sono state scattate nell'ultimo anno. La qualità delle foto è fondamentale, perché questo è l'elemento visivo che è fondamentale per ottenere l'attenzione del potenziale corteggiatore. Le immagini migliori sono quelle di te da solo in una foto, sorridente e con un'aria felice. Elenca sempre un paio di foto, non una "galleria", possibilmente quattro o cinque immagini vanno bene. Non usate fotografie che mostrano voi e il vostro amico, i vostri figli, i vostri animali domestici e così via. Mantenete le foto ordinate e necessarie, qualche foto del viso, e possibilmente una o due foto a corpo intero vestito al meglio.

Scegliere chi chiamare: Quando passi attraverso le centinaia di opzioni disponibili da contattare, devi imparare a restringere la tua attenzione su ciò che è essenziale per te in una relazione. I migliori siti di incontri ti permettono di valutare attraverso molte di queste esigenze in modo da poter trovare gli uomini che potrebbero avere molte cose in comune.

Numerose donne fanno l'errore di creare un'email che usano più e più volte per raggiungere ogni uomo che vogliono contattare.

Un uomo saprà che una tale email non è unica. La tua e-mail ha bisogno di coinvolgere alcune cose specifiche sull'uomo con cui stai interagendo.

Questi sono solo un paio di consigli essenziali su come avere un'esperienza di incontri online più convincente. Perché non iniziare oggi e farti elencare su uno dei siti di incontri più affidabili. Si avrebbe un buon tempo e godere l'esperienza. E chissà, si può solo incontrare l'uomo dei tuoi sogni.

Come capire la comunicazione degli uomini

"Sto correndo troppo, pensando che non sia interessato? Sembra come se gli piacessi veramente, e ho pensato che lo facesse perché non ha chiamato". Beh, ho visto un ragazzo che non è interessato, e sembra diverso da questo.

Un ragazzo che non è interessato è nella stanza, parla con qualcun altro, totalmente ignaro della tua presenza. Non ti sta accogliendo, cucinando la cena per te e coccolandoti. La misura più accurata dei pensieri delle persone è il loro comportamento, quindi ama quello che fa.

Il che ci porta al secondo punto:

"Non ho mai capito perché i ragazzi fanno così. So che mi merito qualcuno che mi tratti bene, e lui l'ha fatto, ma non so la cosa del non chiamare. Immagino che devo solo andare avanti e continuare a lavorare su me stessa e crescere con la speranza di attrarre qualcuno che chiami e faccia piani per passare del tempo con me. Qualsiasi consiglio sarebbe apprezzato".

Bene, ecco la mia domanda per le donne che leggono questo: Cosa volete? Certo, non ti ha chiamato (ancora). E l'unica cosa che indica è che non ti ha chiamato (comunque). Ma ti sei divertita? Vuoi vederlo di nuovo? Hai una voce, quindi usala!

Ha corso il rischio di chiederti di uscire e ha già fatto lo sforzo di intrattenerti e prendersi cura di te. Se tu ora fossi ad un appuntamento con lui, staresti semplicemente seduta lì, aspettando che lui si offra e dia ancora una volta, mentre tu prendi e basta? Mentre lui si prende tutti i rischi? Ho scoperto che molte donne fraintendono questo "prendere a turno" come un'assenza di interesse. Ecco un modo semplice per capire cosa sta succedendo: mettiti nei panni della persona. Lui ha già messo in gioco il suo ego e ti ha chiesto di uscire.

Altrimenti, non riceve dettagli sul tuo livello di interesse. Meglio che aspettare che tu faccia la prossima mossa.

Immaginate come vi sentireste se un uomo non vi chiamasse per ringraziarvi il giorno dopo aver cenato per lui.

C'è un concetto spirituale all'opera qui che dice che si ottiene di più in qualsiasi cosa ci si concentri e si dia la propria energia. Se volete che gli uomini vi preparino più pasti fatti in casa, ringraziateli abbondantemente per questo. Se vuoi che ti chiamino presto e spesso, chiamali presto e spesso - l'energia scorre dove va l'attenzione.

Come rimase Gandhi, "Sii il cambiamento che vuoi vedere nel mondo".

PNL e incontri - Solo per donne

Sei un coach di incontri per donne? Lascia che ti mostri alcune potenti idee di PNL sulle tecniche per rendere il viaggio più semplice per i tuoi clienti. Un "metodo" è il modo in cui ci avviciniamo a qualsiasi cosa nella vita, dal risveglio al lavarsi i denti all'impostazione delle nostre giornate e anche agli appuntamenti.

La consapevolezza di ciò che stiamo facendo è la prima azione. Possiamo poi vedere come gli altri hanno successo in quella direzione, scoprire cosa fanno e modellare quella tecnica.

Hai provato a fare incontri online? È un gioco di indovinelli e una presa per i fondelli. Vedi la foto di un ragazzo e la sua descrizione, e ormai sai che di solito non c'è una realtà nel marketing.

Diciamo che dopo un paio di appuntamenti con queste persone online, trovi qualcuno di affascinante. Un certo numero di noi donne suppone che in questa era di internet ad alta velocità che le relazioni ad alta velocità sono dove si trova. Le relazioni non sono cambiate. Ci sono ancora le stesse tecniche standard che ci sono state fin dai tempi dell'uomo delle caverne.

In particolare, questo significa che gli uomini amano la caccia. Se non c'è la caccia, si sentono delusi.

Siccome noi esseri umani siamo "cablati" in un modo specifico con sentimenti e altri sistemi interni di comportamento, la datazione di successo per le donne include lavorare all'interno di questo sistema cablato e non pensare che ci sia qualcosa di diverso su questo ragazzo specifico che stai considerando.

C'è anche qualcosa da pensare sui metodi cablati delle donne. Quando una donna ha rapporti sessuali con un uomo, avviene biologicamente qualcosa che produce un legame con quell'uomo. Ora, potete andare a considerare che non è valido che siete diversi, e forse siete tra le persone che lo sono. Se scopri che sei stato in una serie di relazioni fallimentari, e il tuo modo è quello di farti coinvolgere fisicamente in fretta, allora forse è un ottimo momento per valutare la tua strategia.

Se ti metti con qualcuno che sai che non è "abbastanza buono" per te, e lui ti scarta, puoi trovarti nell'insolita posizione di aver creduto di essere troppo buono per lui, poi lui ti rifiuta, quindi, quindi, sei meno di quello che pensavi di lui all'inizio. Se avete frequentato molto, sapete di cosa sto parlando.

Allora il vecchio metodo del "gioco duro per ottenere" è il modo migliore? Potrebbe essere qualcosa da provare. Sperimenta un nuovo modo di uscire; vedi quali risultati ottieni. Fallo come uno studio, sii curioso, sii trasgressivo.

Dite che giocare a fare il duro non è autentico? Beh, se vi state godendo la vostra vita, è del tutto autentico. Creerete un fascino potente se renderete la vostra vita

1. Seguendo i tuoi interessi che scuotono il tuo mondo e trovando il godimento della tua vita lo farai, quindi non sei così facilmente disponibile per un nuovo uomo. Lasciate che lui vi mostri che è pronto a lavorare per la vostra graziosa esistenza. Mentre la tensione sessuale si costruisce, prendi questo tempo per scoprire chi è lui, chi sono i suoi amici, com'è la sua famiglia.

Non siamo isole. Ci facciamo coinvolgere dall'altra persona, dalle sue abitudini, dalla sua gente, e quel mondo entra in noi.

Quali sono le tue tecniche di appuntamento? Funzionano per te? Se no, pensa a modellare un comportamento eccellente che ti farà ottenere il risultato desiderato.

Investire attentamente su se stessi. Sii curioso. Come domanda, come posso sviluppare il più alto valore per la mia vita?

Attenzione giusta e sbagliata e il gradiente di attrazione

C'è un principio spirituale all'opera qui che afferma che si ottiene di più di ciò su cui ci si concentra e a cui si dà la propria energia. Quindi, se volete che gli uomini vi preparino più pasti fatti in casa, ringraziateli abbondantemente per questo. Chiamali presto e spesso se vuoi che ti chiamino presto e spesso. L'energia scorre dove va l'attenzione.

Ora il principio "l'energia scorre dove va l'attenzione" è stato specificato in molti modi nel corso dei secoli. Tra questi c'è la Regola d'Oro: "Fai agli altri quello che vorresti fosse fatto a te".

Se desiderate essere chiamati, chiamate quando l'impegno sociale ha bisogno di voi - per ringraziare o per rispondere a una chiamata. Questo non è lo stesso che dire "inondate l'oggetto del vostro affetto di attenzioni dal primo secondo", che il modo di dire "chiamate presto e spesso" potrebbe essere interpretato.

C'è una via di mezzo tra la civetteria ("Giocherò duro per ottenere, e lo farò bene") e lo stalking di qualcuno con diciannove email e chiamate al giorno, che è la via del Tao.

Cosa è giusto per voi? FIDATI DEL TUO ISTINTO.

Perché? Oggi mi vengono in mente due motivi.

Perché voi siete la Donna, l'animale con l'intuizione più finemente sviluppata di tutto l'universo, è reale. L'evoluzione ti ha dotato di strumenti estremamente delicati per individuare i sentimenti, gli stati d'animo e la totalità di una situazione, per riassumere il tutto e darti una risposta spesso molto precisa.

Quanto accurata? Beh, ha tenuto l'umanità in compagnia per più di tre milioni di anni, il che è abbastanza figo.

Funziona.

Fidati.

Usalo.

=Il secondo principio è questo: gli altri possono amarci solo per quello che siamo, non per quello che non siamo. Pensa a questo per un secondo.

Così possiamo andare in giro a mettere personalità, maschere e dichiarazioni errate di noi stessi in modo che il mondo possa amarci. Alla fine, gli altri possono amarci in modo significativo solo per quello che siamo, non per il travisamento.

Questo è il motivo per cui penso che i costosi aggiustamenti cosmetici siano un uso così sbagliato di energia e tempo. È come cambiare la carta di copertura di un regalo: sembra più bello per i pochi secondi prima che il regalo venga aperto, ma il contenuto non è destinato a cambiare così tanto.

Il punto è questo: se vuoi che gli uomini ti richiamino, richiamali. Tratta le altre persone come vuoi essere trattata tu. Questo è particolarmente vero quando sei già in una relazione con un uomo. Se sei troppo entusiasta di un uomo e lo chiami più di quanto lui chiami te, corri il rischio di uccidere l'attrazione.

La legge naturale sostiene che l'acqua scorre da un posto più alto a uno più basso. L'energia elettrica scorre da un voltaggio più alto a uno più basso. E, allo stesso modo, l'energia di attrazione fluisce da un luogo di maggiore interesse ad una posizione di minore importanza.

Questo significa che se vuoi che la circolazione dell'attrazione venga da te, devi pensare un po' meno a un uomo di quanto lui abbia interesse per te.

Se ti piace un ragazzo e gli stai addosso come un'eruzione cutanea prima ancora che lui ti conosca, hai solo inclinato il gradiente di attrazione turistica nella direzione sbagliata. Questo ha un sacco di ripercussioni, e nessuna è di buon auspicio per la tua responsabilizzazione in questa relazione.

È essenziale giocare un po' di quel gioco chiamato 'hard to get' ma non all'estremo. Un eccessivo 'hard to get' ucciderà anche l'attrazione. Ricorda la via di mezzo: un po' significa rispondere alle telefonate con eventualmente un leggero ritardo. Estremo è non rispondere affatto e aspettarsi che lui chiami due o tre volte al giorno.

Un po' significa dopo un appuntamento ragionevole, dargli un rapido bacio sulle labbra della buonanotte e poi correre a casa, facendolo meravigliare. Date all'uomo il piacere di lavorare per il vostro affetto.

Giocare troppo duro per ottenere significa dimenticare il processo dei benefici. E per questo motivo, i suoi sforzi - il comportamento desiderato che voi volete - non vengono rafforzati.

Questo ci porta al terzo argomento di questa rubrica:

"L'energia scorre dove va l'attenzione. Tranne quando si tratta di uomini. Quando una donna mette la sua attenzione nella propria vita, l'energia dell'uomo fluisce nella sua vita; invece, se mette la sua attenzione su un uomo, il mango.

Bene, apprezzo il feedback qui. Tuttavia, data la scelta di scegliere la legge universale e la tua dichiarazione qui, dovrò andare con la legge di gravità, l'atto dell'elettricità, e l'energia che scorre dove va l'attenzione. Quello a cui desidero che tu presti attenzione è questo: se hai usato una legge universale e non ha funzionato per te, guarda bene l'ambiente e vedi cosa non ha funzionato invece di dire che il codice non funziona per te.

L'uomo giusto richiamerà il miglior tipo di attenzione dalla donna migliore.

Come decodificare ciò che gli uomini vogliono dire.

Quando qualcuno dice: "Non sto cercando qualcosa di serio oggi", di solito significa una cosa: "Non sto cercando niente di serio in questo momento". Gli uomini faranno proprio questo: vi diranno cosa hanno in mente.

È probabile che quello che intende è: "In questo momento sto cercando l'amore della mia vita, la persona con cui voglio sistemarmi completamente, e tu sei un candidato, ma non lo dirò per non spaventarti"?

È possibile. Ma non probabile.

Essendo un uomo da più di tre anni, posso dirvi che ogni volta che ho detto a una donna: "Non sto cercando di trovare qualcosa di serio in questo momento", questo è ciò che implicavo. E l'amico 29enne del nostro amico sta affermando che, certo, gli piace la sua attività e ne vorrebbe di più, ma questo potrebbe essere il limite di ciò che sta offrendo.

È essenziale prendere queste affermazioni degli uomini al valore dichiarato. Una propensione che ho visto tra le donne è che sentiranno questo da un uomo, e invece di tradurlo al valore nominale, lo considerano come un ostacolo: "Ah, ma io sarò la donna che gli farà cambiare idea!"

Quindi, quando pianifichi il tuo rapporto con quest'uomo per essere diverso da quello che lui è pronto a dare, ti stai preparando ad una vanificazione delle tue aspettative - e al disagio.

Un'altra ragione per cui questo è dannoso è che alcuni uomini (in particolare i daters esperti) conoscono questa tendenza nelle donne e faranno penzolare la "relazione seria" come esca mentre si godono i vostri affari senza rimpianto o paura della vostra partenza. Queste situazioni tendono a finire con il crepacuore per la parte non maschile e molto auto-ricatto sotto forma di "Non credo di averlo fatto (ancora una volta)".

Ora il tuo appagamento a lungo termine potrebbe essere nell'avere una relazione dedicata con un uomo che va verso il matrimonio. E in questo caso, molto probabilmente non dovresti farti coinvolgere da un uomo che vuole solo uscire con te delicatamente.

Se ti va bene uscire e divertirti, allora vai avanti e stai tranquillo. Quando sovrapponi l'aspettativa di qualcosa di più o qualcosa di diverso da quello che hai davanti, corri il rischio di contaminare la tua soddisfazione, e non ne hai bisogno.

E tieni a mente che gli appuntamenti sono un'abilità come qualsiasi altra. Più lo fai, più diventi bravo a farlo. Quindi, nello specifico, se hai esaurito il mulino degli appuntamenti per un po', considera la possibilità di andare in giro per appuntamenti solo per divertirti e imparare il valore di questo. In questo modo, quando Mr. Right sostituirà Mr. Right Now, sarai più pronto.

Se aggiungi un po' di energia maschile 'yang' alle tue interazioni con gli uomini - essendo un po' più proattivo, felice di prendere qualche iniziativa, puoi migliorare notevolmente i tuoi risultati.

Basta poco: basta dire "ciao" per primi, o essere il primo a chiamare invece di aspettarlo. È fondamentale lasciare che il totale vibri per essere come va l'ordine naturale delle cose: tu, yin; lui, yang; tu, l'inseguito; lui, l'inseguitore. Mettici un po' di yang, poi siediti e riprendi la posizione yin.

Auto-accettazione - Come essere meglio a uscire con gli uomini senza cambiare se stessi.

Il mondo degli appuntamenti può essere inquietante per una donna single che non è sicura di sé. Tutti noi abbiamo delle insicurezze, non importa quanto abbondanti, quanto belli o quanto intelligenti. Ma ci sono azioni di cui puoi aver bisogno per renderti più sicura di te stessa.

È essenziale conoscere i propri punti di forza. Dovete scoprire il vostro "voi" migliore e mostrare all'uomo che state frequentando o che sperate di frequentare questo lato di voi. Quando siamo a nostro agio, e a nostro agio con i nostri cari, molti di noi sono al meglio. Come si può essere a proprio agio quando si sta cercando di impressionare qualcuno? Invece di cercare di coprire le vostre preoccupazioni, affrontatele e demolitele. Tu sei più resistente di loro, e assolutamente nulla ti trattiene dall'incontrare l'uomo dei tuoi sogni e dal mantenerlo.

Quando una relazione smette di funzionare, potresti chiederti cosa hai fatto di sbagliato. È abbastanza naturale desiderare di aver fatto alcune cose meglio o diversamente e notare dove si potrebbe migliorare. Ma non è sano incolpare se stessi o avere rimpianti brucianti. Si possono fare miglioramenti ogni giorno e non vederli nemmeno finché non ci si guarda indietro mesi dopo.

Mentre puoi avvicinarti alla datazione in molti modi, l'approccio tradizionale di lasciare che un uomo ti insegua è il modo migliore per aumentare il desiderio. Potrebbe essere impegnativo rimanere un cliente con un uomo che non è disposto a inseguirti e a fare uno sforzo, ma è per questo che devi invogliarlo.

Non sei tu; sono i miti sugli appuntamenti che la maggior parte delle persone dà per scontati. Non si tratta di finire per essere qualcun altro; si tratta di cambiare il modo in cui esci per rivelare a tutti la persona eccellente che già sei.

Quando si esce con le donne, aspettative realistiche

Quando si è single da molto tempo, è naturale chiedersi se la ragione per cui non si ha una fidanzata in questo momento, è che si è stati troppo esigenti. Purtroppo, il tuo amico ha opinioni contrastanti. Come possono quindi le donne sapere se ho aspettative ragionevoli quando esco con qualcuno?

Hai in mente un uomo perfetto? Una lista dei sogni di che tipo di uomo vuoi e quali qualità deve possedere? Attenzione, perché avere questo tipo di lista dei sogni è proprio ciò che incoraggia le donne ad avere aspettative irrealizzabili quando escono insieme, in primo luogo!

Per fortuna, c'è un terzo corso che mi ha portato a. Per scoprire una relazione che ti porta ogni giorno un piacere e un appagamento fantastici, devi mettere da parte l'uomo dei tuoi sogni e considerare qual è in definitiva l'ingrediente essenziale per far durare una relazione felice;

COMPATIBILITÀ.

Compatibilità significa che voi due andate d'accordo. Sembra facile, ma può essere difficile da scoprire. Tuttavia, se vuoi avere aspettative realistiche quando esci con qualcuno, ti consiglio di cercare prima la compatibilità. Perché? Perché alla fine dei conti, la coerenza è fondamentale per avere una vita piacevole e tranquilla. Con l'armonia, un matrimonio felice è un sottoprodotto naturale. Senza compatibilità, non importa quanto vi divertiate insieme, non importa quanto sia fantastico il sesso, non importa quanto ricchi siate voi due, la vostra relazione non può durare.

Pensateci: I litigi costanti uccidono le relazioni. Quando i buoni sentimenti svaniscono, c'è naturalmente meno voglia di passare del tempo insieme.

Come sapere se sei adatto quando esci con qualcuno?

Fatevi queste domande;

1. 2. Mi sento rilassato con lui? (per esempio, posso essere me stesso? trovo le sue battute divertenti?).

2. I nostri stili di vita sono comparabili? (per esempio, abbiamo gli stessi concetti di spesa e di abbigliamento?)

3. Abbiamo gusti simili in fatto di cibo? (per esempio, che tipo di cibo mangiamo tipicamente ogni giorno?).

Quando si esce insieme, questi criteri possono sembrare banali rispetto ad altre cose divertenti. Ma ricordati che una relazione duratura è piena di attività quotidiane da fare insieme. Senza considerare la vostra compatibilità, i requisiti aggiuntivi non hanno alcuna possibilità di diventare aspettative sensate quando si esce insieme. Scegli le tue aspettative con attenzione in modo da poter avere la relazione coniugale che hai sempre desiderato.

CAPITOLO QUATTRO

Il primo appuntamento

Gli appuntamenti sono di solito stressanti. Sono molto più stressanti per le donne. Se sei una donna e stai optando per il tuo primo appuntamento, ecco un paio di consigli su come dovresti comportarti:

Essere puntuale

Se il tuo appuntamento non viene a prenderti, non dovresti mai presentarti in ritardo. Mostra che sei serio e maturo con la relazione presentandoti presto. Dovresti chiamarlo e fargli sapere che stai arrivando se sei bloccato nel traffico. Se il tuo appuntamento viene a prenderti a casa tua, devi essere pronto quando arriva - non dovresti farlo aspettare.

Essere decisivi

È comune per le signore fare finta di niente per evitare di sembrare prepotenti. Se conosci il posto giusto, non dovresti evitare di menzionarlo.

Essere un buon ascoltatore

Le signore sono note per essere loquaci. Per aumentare le possibilità che il tuo appuntamento ti accolga per un secondo appuntamento, dovresti essere un grande ascoltatore. Questo richiede che tu eviti di parlare a vanvera di te stesso. Fai domande sull'altra persona, se possibile. Come linea guida, non dovresti intrometterti e raccontare una storia simile a quella che il tuo accompagnatore ti ha appena raccontato.

Mangia come fai a casa

Fare questo fa sì che il tuo appuntamento pensi che tu abbia problemi con il cibo. Per apparire attraente, dovresti mangiare come fai di solito.

Se prendete l'alcol, dovreste essere prudenti. Come regola importante, non dovreste mai bere troppo, perché ve ne pentirete sempre dopo. È comunque meglio comprare una bibita dietetica che l'alcol.

Quali vestiti indossare al primo appuntamento - per le donne!
Le donne sono spesso confuse su cosa dovrebbero indossare al primo appuntamento. Di seguito sono riportati alcuni consigli su cosa indossare al primo appuntamento da donna:

Vestirsi per l'occasione

Le date a tema "Fun" possono eliminare lo stress nella scelta dell'abbigliamento del guardaroba. Per questi tipi di partner, indossa semplici jeans aderenti, una scarpa piatta elegante e un top semi-elegante. Per le date più "serie", come andare a cena fuori o un evento di lavoro, vestirsi in modo più formale.

Evitare di essere troppo sexy

Infatti, ogni donna vuole apparire attraente al suo appuntamento. Se scegliete un abbigliamento rivelatore, potrebbe distrarre il vostro appuntamento e impedirgli di conoscere veramente la vostra personalità.

Usa un trucco leggero

Tutto ciò che è esagerato manderà segnali sbagliati al tuo appuntamento; questo include il tuo trucco. I cosmetici devono avere un aspetto accattivante e naturale. Per il primo appuntamento, evita gli occhi significativi usando un eyeliner nero a matita invece di quello liquido. Metti uno strato di mascara. Per l'ombretto, assicurati di scegliere tonalità naturali come il rosa chiaro e il marrone. Il punto cruciale per rendere il trucco naturale è di fonderlo interamente con la pelle.

Utilizzare gli accessori di luce

Gli accessori possono compensare ciò che l'abbigliamento non ha. Un sottile orologio d'oro e alcuni anelli con diamanti o pietre preziose sono sufficienti per rendere più piccante qualsiasi vestito. Troppi braccialetti o gioielli preziosi possono sembrare sgargianti e "low-cost".

Se ti stai preparando per il tuo primo appuntamento, vorresti sapere qual è l'abbigliamento migliore da indossare al primo appuntamento. Di solito, dipenderà dal luogo dell'appuntamento, dall'ora del giorno e da quello che hai voglia di indossare.

Se vi incontrate in un bel ristorante, dovreste vestirvi in modo appropriato. Vi consiglio, se non conoscete il posto, di cercare online il sito del ristorante e di chiamarli per vedere qual è il codice di abbigliamento appropriato per quel posto. Se la zona è di classe, intendo dire che si tratta di un abito da bevanda mista. Sia che vi incontriate al bar o che la vostra data abbia prenotato un tavolo, un abito da bevanda mista è adatto a ciascuna di queste due occasioni.

Se vi incontrate in una caffetteria, Starbucks, per esempio, potete usare un abbigliamento più casual. I tacchi alti e un abito da cocktail sembrerebbero sciocchi in una caffetteria. Denim e una camicetta adatta sono più accettabili, anche se ti consiglio che se vuoi impressionare il tuo appuntamento, devi incontrarlo in un bel posto dove puoi usare un vestito che mostri genuinamente la tua femminilità.

Spesso le persone si incontrano in posti strani per un primo appuntamento, come un sentiero di trekking o un parco. Assicurati di vestirti in modo comodo perché la tua data garantisce un sacco di passeggiate se è lì che incontrerai il tuo appuntamento. Denim, una maglietta comoda e una scarpa da ginnastica, sarebbe la tua migliore scommessa in questa situazione.

La cosa più vitale da tenere a mente è che vuoi stare comodo in qualsiasi cosa tu stia usando. I vostri vestiti devono calzare bene, non troppo piccoli e non troppo cadenti.

Il tipo di abito da indossare dipende da motivi specifici come il tipo di persona con cui si esce o dove si va per il primo appuntamento. Mostrare la scollatura al primo appuntamento o indossare un abito corto non è assolutamente raccomandabile.

È possibile, ma indossare un abito casual di classe o un abito formale di nuovo, a seconda della persona che si incontra. Se stai andando con qualcuno più anziano di te come il tuo capo, allora puoi indossare un abito formale. Se stai andando con qualcuno che ha la tua età, allora puoi indossare un abito casual.

Le donne che indossano i tacchi per la prima volta possono camminare goffamente. Le donne devono esercitarsi a camminare finché non si sentono a loro agio con i tacchi.

Prendere un secondo appuntamento per le donne
Uscire al primo appuntamento non è male, soprattutto se vi siete appena conosciuti online. Man mano che la data si conclude, lui ti farà sapere se è interessato ad uscire con te. Ecco

alcuni consigli per le donne per strappare un secondo appuntamento con il loro compagno.

- Uscire per il primo appuntamento è difficile per tutti. Ora che lo sai siediti, rilassati e sorridi. Divertiti. Anche se lo trovi un po' strano in modo affascinante, devi permettergli almeno di dimostrarti che è quello giusto. Divertiti. Quando scoprirà che ti stai divertendo, si sentirà immediatamente ispirato e si rilasserà.

- Cerca di non trasformare il tuo appuntamento in un interrogatorio di polizia. Puoi fare domande, ma prenditi una pausa in mezzo. Parla di quello che dice, affronta i suoi problemi e parla di te. Non troppo. Solo abbastanza per andare avanti e indietro per mantenere la conversazione che scorre.

A volte gli uomini impiegano più tempo per esprimere la risposta più elementare a una domanda, quindi dategli tempo e non fategli pressione per reagire. Cerca di conoscere l'uomo che hai di fronte, non spaventarlo con il tuo interrogatorio di incontri.

- Se vi è piaciuto e volete vederlo ancora una volta, non state zitti. Alcuni uomini sono timidi e potrebbero volervi dire qualcosa, ma non sono sicuri di come risponderete. Non preoccupatevi; buttate là la vostra osservazione come "Ehi, mi sono divertito molto". Lui penserà poi a come vi siete sentiti e non vi lascerà in sospeso.

Per le donne, gli appuntamenti possono essere semplici. Basta essere se stessi. Va bene se non vi siete divertiti molto. Non devi continuare ad uscire con questa persona. Ma se desideri vederlo ancora una volta, allora devi mettere in chiaro che lo vuoi. Non volete andarvene e fargli pensare che non vi siete divertiti quando l'avete fatto. Ricordati di lasciare il tuo telefono in macchina perché dovresti concentrare tutta la tua attenzione su di lui. Non portare con te il tuo migliore amico per analizzarlo prima del vostro incontro. Basta vedere cosa dice il movimento del suo corpo durante la notte e fargli sapere che siete interessati a vederlo ancora una volta.

Ti ho fornito alcune sezioni sui principi spirituali e sulla metafisica degli appuntamenti. Che ne dici di un po' di tecnica diretta, come le cose da fare per assicurarti un secondo appuntamento dopo aver avuto un eccellente primo appuntamento? Eccola qui:

Quindi vuoi un secondo appuntamento?

La mia risposta: domanda sbagliata! E se hai messo in pratica quello che abbiamo visto finora, sarà lui a implorare di vederti di nuovo. Il tuo compito è quello di farlo uscire allo scoperto ed esaminare se è un bravo ragazzo - e una potenziale corrispondenza per te.

Detto questo, voglio ancora assicurarmi che tu ottenga il secondo appuntamento, quindi lascialo desiderare di più (ah, ancora quello). Ricordate la leggenda di Scheherazade nelle 1001 notti arabe? Raccontava ogni sera una storia al selvaggio re Shahryar e la interrompeva proprio sul punto di rottura, lasciando il re in un tale stato di suspense che doveva concederle un giorno di tregua per ascoltare il resto della storia il giorno dopo. Per te, non è la tua vita in gioco, ma è qualcosa di relativamente importante: la tua soddisfazione. Quindi gioca bene la tua mano e sii il cliffhanger.

Ogni volta che vi do un'idea, mi piace anche fornire esempi concreti di come usarla, quindi ecco alcune raccomandazioni:

Esporre i cicli di conversazione.

Cosa ho fatto semplicemente? Ho aperto un argomento di discussione - senza invece completarlo. Questo è un ciclo aperto. La mente inconscia del vostro ascoltatore desidererà la chiusura e vorrà sentire il resto.

" Le informazioni mancanti sono segrete, e il mistero aumenta la tua attrattiva. Apri alcuni anelli con la promessa di chiuderli più tardi - e il tuo Re Shahryar (meno l'intento selvaggio) vorrà tornare per avere di più.

-Lasciare aperti i cicli fisici. Se mandi grandi massaggi alle mani e gli massaggi entrambe le mani, chiudi il loop. Se massaggiate solo una mano, lui si chiederà quando la prossima mano riceverà l'attenzione, e avrete un ciclo aperto. Se lo baciate sulla guancia ma non sulle labbra, state creando un cerchio aperto. La prossima volta, se lo baci sulle labbra ma tieni la bocca chiusa, stai creando un altro cerchio aperto. Lo sapevi: lascialo desiderare di più.

Quando stai sabotando il tuo divertimento solo per amore della gentilezza, stai esagerando. Se stai morendo per una sessione di pomiciata bollente con l'uomo dei tuoi sogni e sai che non lo vedrai fino a quando non tornerai dal tuo viaggio organizzativo di un mese, con tutti i mezzi, vai fino in fondo. Si può essere esperti senza trasformarsi in una suora.

Accennare a future attività condivise. Quando scoprite cose che avete in comune, immaginate come sarebbe farlo insieme: "Oh mio Dio, dobbiamo andare a fare un corso di salsa insieme! Amo ballare e adoro quando un uomo conduce bene sulla pista da ballo". Ora si è immaginato di godersi il ballo con te, tenendoti tra le braccia e facendoti volteggiare, e se non avviene, è una perdita vista per lui. Le persone sono più determinate a evitare una perdita che a cercare un guadagno, quindi è probabile che ora lui voglia rivederti.

-Offrirgli un'opportunità di brillare. Ha detto che potrebbe batterti a hockey ad aria? Che fa un'ottima lasagna? Fatti sotto, digli - al prossimo appuntamento. Gli stai dando la possibilità di mostrarti quanto è figo (gli uomini lo adorano) e ti assicuri un incontro successivo, donna astuta.

Quello che non si desidera fare spesso è dare all'uomo un ostacolo. Questa è una delle abitudini di evirazione che abbiamo appena trattato, ed è una funzione dell'uomo - l'esempio per cui sono i suoi amici uomini. Se lo sfidate, correte il rischio di compromettere la polarità yin-yang. State astutamente preparando un'opportunità per farlo fare bella figura. Quando ha un bell'aspetto, si sente bene, trasmette questa sensazione eccellente a te, e vorrà vederti di nuovo. E anche se sei il campione mondiale di air-hockey, quando lo lasci vincere (per il più piccolo dei margini, naturalmente), entrambi vincete a lungo termine.

I segreti per uno Speed Dating di successo per le donne

Vuoi imparare il modo migliore per finire nella lista dei contatti di qualcuno dopo un evento di speed dating?

Preparazione, preparazione, preparazione

Lo speed dating è scoraggiante: circa 20 coppie in una stanza, da tre a dieci minuti ciascuna, e una concorrenza spietata. Come si fa a rendersi memorabili?

Ecco cinque consigli per le donne;

1. Il tuo aspetto è la tua vetrina

Sì, è piuttosto superficiale, ma sappiamo tutte che è vero, e non ha senso ignorare il fatto che gli uomini noteranno il tuo aspetto. Non siamo tutte materiale da passerella, ma sapere quali sono le tue caratteristiche migliori, e ostentarle, significa che i ragazzi non vedranno i tuoi difetti!

Le prime impressioni contano, quindi fai uno sforzo con il tuo abbigliamento e la tua cura. Chiedi a un amico cosa pensa del tuo abbigliamento prima di uscire dalla porta. Controlla i tuoi denti per gli spinaci, le tue unghie per la pulizia, e appena prima di entrare nel locale, controlla il tuo trucco.

2. Sorridere, essere educati

Sorridi e il mondo ricambierà il sorriso. Una persona felice è soprattutto una persona attraente, e quando hai tre minuti per fare impressione, il tuo sorriso è il punto di partenza perfetto. E non sorridere solo con la bocca, ridi con gli occhi. Tutti sappiamo quando qualcuno sta fingendo il suo sorriso.

Sii sinceramente felice che stai per incontrare qualcuno di nuovo. Anche se non dovesse rivelarsi L'UNO, potrebbe diventare un buon amico, un nuovo migliore amico o qualcuno con cui condividere un interesse.

E sai, potrebbero non essere così male! Incontrerai degli uomini terribili ad un evento di speed dating. Incontrerai anche dei ragazzi favolosi. E se investirai un po' di tempo in ogni speed date, potresti scoprire che al di là della prima impressione, un bravo ragazzo è seduto dall'altra parte del tavolo.

Apprezzateli sempre alla fine del tempo assegnato e dite che è stato bello conoscerli.

3. Passa un po' di tempo in anticipo a pensare a quello che vuoi dire di te.

Scrivi i punti salienti della tua vita (avventure, esperienze, background) e alcuni fatti eccentrici e interessanti su di te. Esercitati a dire queste cose ad alta voce - davanti a uno specchio!

4. Pensa a cosa potresti chiedere al tuo appuntamento.

Evita le domande che hanno bisogno di una risposta di una sola parola o che bloccano una risposta estesa. Usate parole come "Mi parli di ..." "Qual è la tua opinione su ..." "Cosa faresti se ..." "Descrivi ... "

Inoltre, evita di chiedere dei lavori o delle relazioni precedenti se sono uno speed dater regolare e non chiedere.

5. Attento al linguaggio del corpo.

Gli indizi visivi possono spesso rivelare più degli indizi verbali. Se sei disinteressata o interessata a loro dal modo in cui il tuo corpo parla, i ragazzi possono capirlo.

Prima di andare ad uno speed date, pensa al tuo linguaggio del corpo e metti in pratica quello che vuoi che dica.

Questi sono consigli su come devi comportarti come una signora al tuo primo appuntamento. Non appena l'appuntamento è finito, non dovresti tentare di contattarlo, se si è divertito, sarà lui a contattarti. Un'ultima cosa: non devi fare sesso al primo appuntamento, non importa quanto ti piaccia.

CAPITOLO CINQUE

Guida essenziale agli incontri online per donne

Se hai giocato con attenzione con il dating online e non hai ancora trovato Mr. Right, allora devi rilassarti con una tazza di cioccolata calda o la tua bevanda preferita e continuare a leggere. Avrai un'esperienza più soddisfacente una volta che avrai preso questi consigli, che chiameremo insieme la guida essenziale agli incontri online per le donne.

Pensa a quello che vuoi dall'esperienza degli appuntamenti. Queste sono le domande a volte difficili a cui devi rispondere prima di sapere cosa vuoi.

Scrivi le caratteristiche dell'uomo che stai cercando, supponendo che tu sia eterosessuale. Non usare termini generici. Considerate le cose che contano di più per voi. Puoi vedere questi "must-have". Questo ti permetterà di conoscere il tipo di persona che vuoi veramente, in modo da non perdere tempo con uomini che semplicemente non soddisfano i tuoi requisiti. Ordinare prima con la logica aiuterà ad eliminare i grovigli disordinati e ti darà un programma da seguire.

Ora torniamo a te. Avrai bisogno di un buon profilo per attrarre il tipo di uomo che vuoi. Alcune volte le persone sono tentate di falsificare le informazioni nei loro profili.

Un profilo eccellente è ciò che ti separerà dalle altre donne single sul sito di incontri che hai scelto. Renderlo dettagliato aiuterà a portare gli uomini migliori, mentre, idealmente, terrà lontano quelli sbagliati. Basta sapere che ci sono uomini che vanno dietro a qualsiasi cosa femminile online, proprio come nella vita reale.

Scrivi senza slang o errori grammaticali se vuoi apparire educato e severo. Elencando le cose che ti piacciono dai ai tuoi contatti qualcosa da discutere con te come un rompighiaccio. Se desideri qualcuno finanziariamente stabile con un compito pagante, non aver paura di mettercelo!

Non dimenticare che gli uomini sono visivamente orientati, e guarderanno le foto del tuo profilo molto più di quello che scrivi su di te. Usare gli scatti fatti a voi nella vita quotidiana è una buona cosa.

In generale, il messaggio qui è che gli incontri online per le donne possono essere un'esperienza positiva. Sii orgoglioso di te stesso, sii quello che sei, e non andare per meno di quello che ti renderebbe veramente felice.

Incontri online per le donne dà molte possibilità di incontrare persone che non si può generalmente hanno l'opportunità di. Mentre alcune persone si incontrano al bar o in discoteca, altri non sempre hanno tempo per questo o non sono in quel tipo di cose.

Questo è dove i siti di incontri online possono aiutare; danno migliaia di varie persone per la vostra discrezione di navigazione, tutti che vogliono incontrare qualcuno, forse anche tu. Le possibilità di incontrare qualcuno sono limitate solo da quanto impegno ci metti.

Se sei sincero e ti guardi intorno, potresti trovare qualcuno che sta cercando di trovare una donna come te, o forse saranno loro a trovare te. Qualunque cosa accada, ecco alcuni consigli per assistere il processo per quelle donne che si incontrano su internet là fuori.

- **Essere onesti**

Quando si cerca una persona, si cerca la sincerità come una delle sue caratteristiche principali. Perché non fare lo stesso con te stesso, usando solo informazioni oneste quando scrivi il tuo profilo. Usare la tua vera età, altezza e peso farà in modo che quando una persona ti contatta, sai che sa come sei fatto.

Usa solo foto reali e attuali, perché quelle di un'altra epoca della tua vita serviranno semplicemente a ingannare i potenziali pretendenti e porteranno solo a discussioni imbarazzanti in seguito, quando lui capirà che non assomigli alla tua foto del profilo.

Inoltre, quando metti altre informazioni, evita di sembrare una cacciatrice di dote e di chiedere che un uomo ti vizi tutto il tempo. Non dire che vuoi avere bambini o che sceglierai solo uomini sistemati finanziariamente. Questo non farà altro che far credere che siete superficiali.

Piuttosto dite quello che vi piace e le vostre aspirazioni nella vita, non quello che non volete che il vostro uomo faccia o quello che non potete sopportare (a meno che non sia necessario).

Non perdere la speranza se questo è un ritorno al web dating per te. Non tutto nella vita finisce bene la prima volta, quindi continua a provare e alla fine arriverai. Eventualmente aggiorna le tue foto o il tuo profilo.

- **Non aver paura di mandare un messaggio a qualcuno**

Non appena numerosi siti di incontri si sono concentrati sul nudge, wink, e punzecchiando i profili delle persone, permettendo alle persone di altri sanno che sono stati interessati. Non comunica molto sforzo da parte della persona che fa l'occhiolino, perché è tipicamente un processo con un solo clic.

Se vuoi veramente che qualcuno ti prenda sul serio, prova a mandargli un messaggio positivo, chiedendo se gli piacerebbe avere una discussione. Non c'è bisogno che ci sia nessun vincolo, ed è un modo formidabile per determinare se tu e lui avete personalità compatibili prima di dedicarsi.

Se ricevi un messaggio da qualcuno, evita di fare il difficile, perché è probabile che la persona che mostra interesse per te vada avanti. Agli uomini non piace essere presi in giro quando cercano l'amore.

- **Essere al sicuro**

Se scegliete di incontrare un uomo di persona, assicuratevi che i vostri buoni amici sappiano dove siete; è un luogo pubblico e che conoscete abbastanza bene. Come detto in precedenza, l'online è un luogo sulla privacy, ed è sempre molto meglio essere sicuri che dispiaciuti. Se non vi sentite a vostro agio o l'uomo non è come lo ha descritto (in modo grave), allora rivalutate l'incontro.

- **Ricorda le tue ragioni per gli incontri su Internet**

Non sei sicuro di chi puoi trovare sulla scena degli incontri su internet, quindi cerca di divertirti e di incontrare nuove persone e di massimizzare l'esperienza.

Vi siete mai chiesti perché gli uomini spariscono?

Tutte le tue relazioni "smettono di lavorare per introdurre"?

Mentre molte date in altri tempi erano fatte all'interno di una cerchia di donne e uomini che si capivano a vicenda, questo non è la maggior parte del caso oggi, e i controlli per la datazione sicura è necessario. Gli sconosciuti si incontrano nei club e nelle aree di incontro, e molti scoprono una data attraverso Internet. Anche se sareste così sfortunati da avere un appuntamento a rischio, dovete comunque seguire tutte le misure preventive, e questo, naturalmente, è particolarmente reale per le donne.

Ecco un paio di consigli essenziali per indirizzarvi e garantire la vostra sicurezza in questo mondo moderno in rapida evoluzione.

Se hai una sensazione viscerale su qualcuno, allora non uscire con lui o lei. Incoraggiare qualcuno per essere gentile con lui è un brutto errore perché spesso questo può portare alla rabbia e all'ira della persona con cui si è erroneamente usciti - ci sono molti casi registrati come questo;

- Quando scegliete di uscire insieme, non date molte informazioni private. Incontratevi in un punto concordato di comune accordo invece che da casa vostra.

- Fai un pre-controllo sulla persona. Chiedi ai tuoi amici se capiscono la persona come la vedono. Per fare questo, devi essere discreto e non chiedere molto, ma alcuni contatti possono in genere dirti abbastanza. Quando incontri attraverso la rete, assicurati di avere delle foto autentiche. Se necessario, fagli tenere in mano un foglio con la data in una foto. Ci sono molti casi di maschi e femmine che danno fotografie di se stessi quando erano 20 anni più giovani. Questo può sembrare oltre la rete; tuttavia, avete il diritto di non essere ingannati per incontrare qualcuno che non esiste più se non come uomo o donna più vecchio. Il caso di una donna che ha reagito alla richiesta di un inglese per una relazione - lui aveva quarant'anni, e la sua foto era di quarant'anni, ma quando si è presentata in Inghilterra, ha scoperto che aveva 75 anni. Difficile da credere, ma succede.

Skype è particolarmente importante perché vedi la persona visivamente mentre parli con lei. E quando vai a quell'appuntamento, fai capire a uno dei tuoi amici più stretti dove e con chi vai e fatti chiamare a un orario proposto per il tuo ritorno.

Bene, tutto questo suona abbastanza scoraggiante, ma la guida di cui sopra è per lo scenario peggiore che accade raramente, ma può avere luogo. Sta a voi salvaguardarvi nel mondo contemporaneo dove le comunità non sono più costituite, e risiediamo in un mondo di estranei alle conferenze.

Consigli d'oro online per aiutare a trovare quella persona speciale

Contrariamente alla credenza popolare, gli incontri online hanno diversi vantaggi. È un modo reale con cui innumerevoli donne incontrano quella persona unica. Anche se ci sono molte storie di amori falliti online, questa è più l'eccezione che lo standard. Ci sono molte cose che le donne possono fare per aumentare le loro possibilità di formare una relazione di successo con qualcuno che hanno incontrato attraverso un servizio di incontri online.

Una delle cose più importanti che puoi fare è esaminare il sito di incontri prima di iscriverti. Questi siti possono variare considerevolmente in termini di ciò che la persona sta cercando. Farsi un'idea del sito e di come funziona prima di iscriversi può far risparmiare molto tempo e migliorare le possibilità di trovare l'amore. Molti servizi di incontri online potrebbero anche offrire prove gratuite che ti permettono di provare il servizio prima di prendere qualsiasi tipo di impegno. È un modo senza rischi che può condurti all'uomo dei tuoi sogni.

Specifica cosa stai cercando.

Molte donne potrebbero fare l'errore di essere troppo vaghe su ciò che stanno cercando in un partner. Informazioni dettagliate possono aiutare a sbarazzarsi di potenziali compagni che potrebbero non corrispondere ai requisiti che desideri. Non solo questo aumenterà le possibilità di trovare la persona migliore, ma darà un'esperienza positiva di incontri online.

Dedica il tempo necessario a compilare un profilo preciso e cerca di rispondere alle domande il più presto possibile. Questa è una necessità quando si tratta di trovare un partner con cui lavorare. Alcuni servizi di incontri online potrebbero anche utilizzare un test di personalità e matchmakings per voi in base alle informazioni fornite. Più completo si può ottenere, meglio è.

Il vantaggio degli incontri online per le donne

Molte persone stanno entrando in siti di incontri online per trovare la partita perfetta per loro. I molti siti di incontri online sono davvero un modo fantastico per collegare le varie persone in cerca di una relazione.

Alcune donne attualmente si sono concentrate sulle loro carriere più della loro vita amorosa. I siti di incontri online hanno usato le donne una maggiore speranza e opportunità di scoprire il loro uomo senza cambiare il loro modo generale di vita a cui si sono abituati.

Inoltre, il tipo di processo nella conferenza uomini per queste donne dipende dal processo di screening che hanno per loro. Le donne impegnate non sono in grado di ottenere chiuso con il sesso opposto in primo luogo a causa degli orari e dei doveri che hanno nelle loro mani. Il processo di dating online è il migliore per loro perché possono conoscere un individuo più e sviluppare il rapporto romanticamente con un uomo che può essere raggiunto da e-mail o messaggistica immediata.

Il dating online permette anche alle donne di oggi di essere in comunicazione con un partner online ovunque si trovino, purché un computer e una connessione Internet siano disponibili. E 'anche adatto per una donna di conoscere un uomo specifico in anticipo prima di spendere il loro tempo prezioso incontro o datazione.

Molti siti di incontri online forniscono ai loro membri la possibilità di pubblicare un'immagine nel loro profilo. Molte donne non si sentono a proprio agio in un appuntamento al buio, soprattutto se non sanno come le loro date possono guardare come. Le donne sono fornite con la conoscenza o la consapevolezza delle caratteristiche fisiche dell'uomo che possono essere interessati e stanno incontrando presto.

Gli incontri online inoltre non danno una forte dedizione ai membri. Le donne che stanno cercando l'uomo giusto possono essere in grado di soddisfare non solo una singola persona ma tutte quelle che vogliono.

Nei giorni attuali o negli anni '90, tutti gli incontri online erano considerati una nuova idea. A differenza di oggi, molte persone non possedevano o avevano accesso a un sistema informatico o addirittura avevano accesso al web. I tempi sono cambiati. Gli incontri online non sono solo NEL solco; sono il mainstream.

Ci sono diverse ragioni per l'incredibile sviluppo dei siti di incontri online e il numero di persone, uomini e donne di diverse età, razze e religioni che usano questi siti web come fonte primaria per cercare e incontrare altre persone per quella unica. Se sei scettico e non mi credi, chiedi ad alcuni dei tuoi amici nel mondo "reale". Molti di loro vi diranno che hanno o stanno utilizzando una sorta di servizio di incontri online, se sono sinceri.

Ecco tre ottime ragioni per cui molte persone si iscrivono a servizi di incontri ogni giorno:

(1) Potete essere confidenziali o non capiti. Non ti verrà chiesto di dare il tuo vero nome, indirizzo, indirizzo email, numero di contatto o luogo di lavoro ad un altro utente online. Tu, naturalmente, potresti farlo ma solo a tuo rischio e scelta e solo quando ti senti sicuro e completamente a tuo agio. Non sei obbligato a mettere un'immagine di te stesso. Pubblicare una foto, tuttavia, farà sì che più persone pensino al tuo profilo. Così si può controllare gli altri membri sul sito di incontri si è iscritto con la privacy completa.

(2) Hai più opzioni online che nel tuo normale mondo quotidiano. Prima che il mondo degli incontri online venisse all'esistenza, la scelta dei tuoi amici e anche dei partner irreversibili era estremamente limitata a quelli che incontriamo attraverso il gioco, la scuola o il lavoro. Puoi passare attraverso centinaia, anche migliaia di persone diverse, per scoprire l'uomo migliore solo per te.

(3) Il "problema della sicurezza" è il motivo più grande di tutti, e deve essere preso seriamente. Un servizio di incontri online non darà i vostri dettagli. Quando li ottengono o li hanno, si arriva a scegliere chi ottiene quei dettagli e.

Se stai avendo un momento difficile trovare l'uomo giusto per voi, non miseria. Si può andare con incontri online per trovare l'uomo giusto per voi. Molti servizi di incontri online aiutano a far incontrare i single. Questo libro dà uno sguardo ad alcuni dei vantaggi che si possono ottenere da tali servizi di incontri.

a. Puoi nascondere la tua identità ed essere anonimo. I siti di incontri non hanno bisogno che tu dia il tuo nome per intero nel tuo profilo. Puoi anche escludere il tuo indirizzo completo. Quindi, con gli incontri online, puoi godere del vantaggio di essere riservato fino a quando non scegli di esporre aspetti di te stesso ad un particolare appuntamento. E quando sei pronto a rivelare di più su di te, allora si dovrebbe effettivamente dare le informazioni reali su di te. L'onestà è necessaria qui.

b. Gli incontri online ti danno più scelte di quelle che puoi avere nel mondo reale. Con gli incontri online, non sei limitata agli uomini della tua zona, del tuo ambiente di lavoro o di un particolare background sociale. Con gli incontri online, puoi uscire con un uomo di un'altra città e con un modo di vivere diverso dal tuo. Ci sono sempre molti uomini, a pochi click di distanza. E se sei uno che desidera uscire con altri uomini al di fuori del vostro paese, si può dire grazie a questa opportunità.

Gli incontri online ti permettono anche, come donna, di uscire con un uomo al tuo ritmo, senza pressioni di alcun tipo. Questo è un metodo eccellente per "prenderlo gradualmente" con gli appuntamenti. Lo stress non aiuta negli appuntamenti, quindi è una buona cosa che tu possa prenderti il tuo tempo per innamorarti e mostrare il tuo apprezzamento all'uomo in questione.

Naturalmente, come ho detto brevemente sopra, è necessario essere onesti quando si è impegnati in incontri online. Non si desidera finire per essere odiato dal vostro appuntamento quando scopre il fatto su di te. Questo è importante quando si tratta di trovare l'uomo giusto per te.

Incontri gratuiti online per donne è ora molto più sicuro

Il mondo online ha invaso il nostro quotidiano in ogni aspetto immaginabile. Il mondo degli appuntamenti dieci anni fa era una scena diversa per le donne rispetto ad oggi. A quei tempi, una donna si incontrava con una persona in un club, nel centro benessere e persino nel negozio di alimentari locale. E mentre incontri di questo tipo avvengono ancora oggi, quello che stiamo vivendo è che sempre più ragazze vanno su Internet per trovare il loro migliore compagno.

Il vantaggio di questi siti gratuiti di incontri online per donne è che possono cercare tra migliaia di potenziali compagni per un ragazzo che ha interessi simili a lei. Il problema di incontrare una persona attraverso i metodi tradizionali e uscire con lui è che se non gli piacesse il tennis, allora potrebbe stancarsi di sentirsi sempre in secondo piano rispetto al tennis.

Naturalmente, incontri online gratis per le donne non viene senza i suoi svantaggi. Il vantaggio di questi siti di incontri online gratis per donne è che puoi valutare le persone potenziali per assicurarti che non siano squallide o completamente perdenti o che ti stiano mentendo sulla loro età ecc.

Circa cinque anni fa o giù di lì, gli incontri online per le donne erano pieni di cattiva stampa. I media avevano coperto un paio di circostanze di donne rapite o abusate da persone incontrate online. Il problema era che i siti gratuiti di incontri online semplicemente non prendevano le misure di sicurezza adeguate per garantire l'identità dei suoi membri. La buona notizia è che questo sta diventando meno preoccupante. I siti di incontri online gratis per donne più autorevoli ora fanno della privacy e della sicurezza dei propri membri la loro prima preoccupazione. Questo suggerisce che tutti i dettagli personali che si ottiene nel tuo profilo personale di incontri online sono ora protetti sui loro server criptati. Solo quando sarai pronto, il tuo indirizzo e-mail e il tuo numero di telefono ecc. saranno disponibili al possibile compagno con cui hai chattato.

L'attuale esplosione di incontri online gratuiti per le donne ha permesso alle signore di guardare oltre la loro città locale per potenziali compagni. Possono cercare ragazzi entro un particolare raggio della loro città natale; confrontarsi con persone che hanno interessi simili, e anche tra una specifica età. Non c'è mai stato un potenziale così buono per una donna di incontrare quel qualcuno speciale, anche la loro anima gemella, poi c'è oggi con incontri online.

Gioca sul sicuro quando esci con qualcuno online

Ti piacerà questo post sui migliori consigli online per le donne per rimanere al sicuro. Questi consigli sono molto utili quando si inizia a frequentare qualcuno di nuovo.

È il momento di conoscere alcuni dei migliori consigli online per le donne per stare al sicuro. È possibile utilizzare questi suggerimenti per essere sicuro quando si cerca che qualcuno unico nella vostra vita. Incontri online è il servizio più comodo e facile per iniziare a incontrare gli uomini. Ha guadagnato appeal negli ultimi anni. Discutiamo alcuni consigli di sicurezza per gli incontri online.

Attenzione! I daters online non sono sempre sinceri: Alcune persone cercano di scoprire i loro incontri in base a criteri di denaro, ricchezza e posizione. Quando si selezionano i migliori per uscire, bisogna fare attenzione. Le persone tendono ad approfittare di usarli solo per scopi specifici. Non indulgere in nessuna attività senza conoscere la vera natura della persona. Prenditi tutto il tempo che ti serve per assicurarti di vedere quell'individuo insieme al possibile. In questo modo, avrete almeno coperto le vostre basi.

Sii saggio quando scegli: Non dare le tue informazioni personali a nessuno quando esci con qualcuno. Seguire i nostri consigli per gli incontri online per le donne ti aiuterà a mantenere la tua identità molto più sicura dai truffatori che si spacciano per persone che si incontrano online.

Stai lontano dai luoghi misteriosi: Questo è il punto più cruciale che deve essere compreso da ogni donna che si occupa di incontri online. Dal momento che si desidera essere intorno a un ambiente familiare nel caso in cui qualcosa di insolito si verifichi, questo è un consiglio affidabile di incontri online per le donne.

Sii protettiva: Dovresti stare attento quando esci online perché alcuni uomini sono solo in cerca di sesso. Dovresti sempre tenere la difesa a portata di mano finché non sei sicuro che sia la persona giusta.

Ora puoi sapere che le donne devono essere molto caute quando vanno agli appuntamenti. Questi consigli di dating online per le donne possono essere efficaci, e si può tenere questo libro utile prima del vostro prossimo appuntamento online.

Con il web che finisce per essere una parte della vita della maggior parte delle persone, gli incontri online si sono sviluppati in popolarità.

Alcune domande che le donne hanno sugli incontri online sono:

- Come faccio a sapere se è pazzo o un serial killer?

- Come posso salvaguardarmi se il mio appuntamento diventa pericoloso?

- Cosa devo fare per incontrare il miglior tipo di persone?

- Come faccio a sapere se il mio accompagnatore non sta fingendo di essere qualcuno che non è?

Queste sono solo alcune delle tante domande che sorgono nella mente delle donne ogni volta che pensano di tentare un appuntamento attraverso internet.

La realtà degli incontri online per le donne

Se si prendono tutte le precauzioni essenziali, gli incontri online possono essere un modo divertente e sicuro per incontrare altre persone. È possibile costruire relazioni online premurose e affidabili che sfociano in relazioni durature offline.

Per esempio, sia che stiate comunicando nel mondo reale o virtuale, dovreste fare uno sforzo per imparare di più sul vostro appuntamento. Capire con chi hai a che fare è il modo migliore per essere al sicuro mentre partecipi agli incontri online.

Suggerimenti per le donne che si incontrano online

Ecco quindi altri consigli per gli incontri online per le donne:

Non incontrare subito il tuo appuntamento personalmente. Invece, prenditi il tempo necessario per conoscere meglio il tuo nuovo amico. Fallo comunicando via e-mail. Questo ti permette di osservare qualsiasi disparità sulla sua età, aspetto, interessi, stato civile, professione, ecc.

- Mantenete privati i dettagli personali come il vostro indirizzo e-mail e quello di casa, il numero di contatto, il vostro posto di lavoro, ecc. durante le prime fasi della vostra relazione. Cessate ogni interazione con chiunque vi faccia pressione per dare queste informazioni o tenti di indurvi a rivelarle.

- Una volta che sei a tuo agio a parlare frequentemente con il tuo appuntamento online, puoi spostare le tue conversazioni al telefono. Poiché hai una migliore opportunità di valutare le azioni spontanee di una persona rispetto alle risposte preparate che danno attraverso la messaggistica online, interagire usando il telefono è adatto. Puoi anche capire dalle telefonate se c'è della chimica tra voi due.

- Soddisfa il tuo appuntamento online di persona solo quando sei pronto a farlo. Non incontrarsi mai in una zona isolata - non importa quanto tu sia a tuo agio con il tuo appuntamento online. Se stai volando in un'altra città per incontrare il tuo partner, organizza in anticipo il trasporto e il posto in albergo.

- Vestiti in modo appropriato per il tuo primo appuntamento. Questo è meglio farlo non indossando alcun tipo di abbigliamento che riveli la tua lingerie o il tuo perizoma. Se ti piace vestirti in modo provocante, aspetta fino a quando la tua relazione non sarà più riconosciuta - se vuoi continuare la relazione.

Incontri online per donne anziane - A chi fare attenzione

Ci sono alcune cose che è essenziale guardare fuori per se sei una donna e si sta cercando di trovare la tua partita perfetta su un sito di incontri senior. In generale, internet è un luogo abbastanza sicuro, e le cose che si sentono su persone che rubano i dati della tua carta di credito e hackerare il tuo computer sono solo notizie.

Questo tipo di cose non accadono di solito, ed è abbastanza facile essere protetti da queste cose usando la carta di credito, non la carta di debito, e installando un eccellente programma antivirus sul tuo computer.

Invece, di questi concetti, quello a cui ci riferiamo sono i possibili appuntamenti che puoi scoprire online. E la realtà è che i siti di incontri online sono luoghi abbastanza sicuri. La maggior parte di queste persone che incontrerai lì sono solo uomini normali di tutti i giorni che stanno usando il web come te per cercare una corrispondenza perfetta.

Ecco alcuni tipi di uomini con cui è fondamentale essere cauti online. E tra questi c'è il ragazzo che non è mai cresciuto.

Anche se si può trovare difficile da credere, ci sono uomini là fuori oggi sui siti di incontri senior che sembrano pensare di essere ancora al liceo. Il loro unico desiderio è quello di conquistarti con la loro supremazia. Pensa per un momento a cosa assomigliavano quei tipi di ragazzi ai tempi della scuola; quegli uomini che erano leggende nella loro mente.

Erano quelli che credevano che tutto fosse una competizione. Portavano la loro idea di vincere a tutti i costi direttamente dal campo da calcio o da basket alle loro relazioni. E di solito, con risultati terribili.

All'inizio, poteva essere bello essere l'oggetto di molte attenzioni, ma dopo un po', quando tutto è diventato una competizione, quel tipo di atteggiamento è diventato veramente vecchio in fretta. Nel dating online, questi ragazzi sono ancora là fuori, ed ecco come trovarli.

Il regalo più favoloso che troverete quasi immediatamente è che i loro profili online leggono come un curriculum pieno di lanugine invece di una descrizione della loro vita. Quando vedi alcuni di questi profili, puoi dire immediatamente che è pieno di elenchi di cose che hanno fatto nella loro vita, ma non c'è nulla su come si sentono o su cosa gli piace.

Mentre questo tipo di idea può funzionare per ottenere un lavoro nuovo di zecca, non sei sul sito di incontri per scoprire un membro del personale; stai cercando qualcuno che è una corrispondenza perfetta per come ti senti e pensi. E a meno che non ti piaccia competere con i tuoi appuntamenti, faresti bene a stare lontano da questo tipo di persona.

Ma i siti di incontri per anziani possono funzionare alla grande per trovare una partita perfetta per te, purché tu sappia a cosa fare attenzione. Fai una prova, e potresti vedere presto il tuo partner perfetto.

CAPITOLO SESTO

Vola come un'aquila nel "Wingman

L'espressione "mi arrangio" ha risolto la maggior parte dei problemi del mondo. (Dite questa parte con voce dolce e sospettosa).

Aspetta, forse alare è una cattiva idea quando si eseguono procedure mediche o si confezionano paracadute o si pianifica una guerra. Hmmm, ora che ci penso, non è nemmeno fantastico in televisione. Forse l'unico posto in cui il winging funziona è nel campo delle relazioni.

Trova una spalla che ti aiuti ad incontrare e sedurre l'uomo della tua opzione. Uscire con una grande spalla è l'equivalente di mettere il mazzo a tuo favore. È barare, e chi non ama barare: si ottiene un punteggio più alto senza fare tutto il lavoro. È l'equivalente di non pagare la vendita al dettaglio.

Vediamo chi è il miglior gregario.

- La spalla deve rimanere in una relazione. Se. Una spalla è più efficace; aiuta se è estroversa e divertente.

- Il vostro gregario deve sapere che questa è una missione critica che ha bisogno di attenzione.

- Nel caso in cui non ci siano bravi ragazzi nel quartiere, questa spalla deve essere piacevole da frequentare in modo che l'uscita non sia una totale perdita di tempo.

Come conquistare la tua spalla.

Una volta che la connessione è stata fatta, la spalla ha bisogno di parlare con te, mantenere la discussione attraverso le fasi scomode, e poi lasciare che tu e il tuo obiettivo parliate. La spalla si occupa dello scambio di numeri di telefono o e-mail (se sei troppo timido) e, indipendentemente dalla situazione, del piano di uscita per entrambi.

Perché funziona?

Il gregario sviluppa una sottile miscela di titillamento... Stavo per blaterare qui, ma invece dirò questo: Due teste sono molto meglio di una, e la spalla può fare il lavoro sporco. Avere una spalla toglie la pressione da un primo ciao, e si sentono più a loro agio a parlare con te quando sei con qualcuno. È una relazione fatta in cielo.

Boy Mets Girl.

Se una relazione fosse come la costruzione di una casa, gli appuntamenti sarebbero la posa delle fondamenta. Quando una ragazza incontra un ragazzo e stimola la mosca, è il momento di preparare le fondamenta per un futuro insieme. La relazione potrebbe smettere di funzionare, ma se funziona, si desidera essere pronti per questo. Consiglio di entrare in ogni relazione con una mentalità aperta ma non cieca. Per farlo, devi pensare a come mettere quel cemento nel modo più liscio possibile e assicurarti che si asciughi senza incrinarsi. Ora cominciamo a costruire incontri.

Incontri a tempo.

La tua figura non è l'unica clessidra che vogliamo rovesciare quando cominciamo ad uscire con te. Vi svelo un segreto:

I Bad Boys sanno quanti granelli di sabbia passeranno prima della fine di una relazione. Sono usciti e hanno flirtato con così tante donne che possono dire precisamente quanto durerà la relazione, generalmente entro i primi quindici minuti dall'incontro.

- donna intossicata in un bar = una o due notti.

- La ragazza appena uscita dal college = qualche mese al massimo.

- donna tra i ventiquattro e i ventotto anni = da qualche settimana a un paio di mesi.

- mamma separata o single = da un paio di mesi a diversi anni, a seconda del suo stile di vita.

- donna non disperata, non cacciatrice di mariti, ventotto anni e più = aperta.

C'è un po' di fatto qui, perché gli uomini guardano le relazioni come affari.

L'orologio inizia a ticchettare nei primi minuti. Proprio come tu stai valutando il tuo uomo, lui sta valutando te e cerca di vedere un possibile futuro. Ma c'è una differenza essenziale: le persone stanno tramando un modo per rimanere con te abbastanza a lungo per fare sesso, anche se non gli piaci o non hanno intenzione di avere qualcosa di più di una chiamata di piacere. Sono sicuro che lo sapevi. Le donne vengono classificate in categorie; ogni singola donna può essere "scopabile".

Le categorie;

- Keepers (attraente e piacevole).

- Incontrare le mamme e i papà.

- Compagno di sesso casuale/rapporto on-again-off-ancora una volta, relazione.

- Fidanzata fasulla da uno a tre mesi.

- A cosa stavo pensando?

- Chiudere gli occhi e pensare a Jessica Alba.

Cosa fanno gli uomini per valutare le donne

Voglio qualcuno severo e spontaneo. Più semplice penso che sarebbe per me gestire la relazione, prima mi annoierò e la nostra relazione sarà molto più breve.

Questo potrebbe sembrare standard, eppure le donne spesso non vedono mai il completamento in arrivo. Sapete il numero di ragazze che sono state scaricate apparentemente senza motivo? Questo è il motivo. Sono andate fuori tempo massimo. Nel mio caso, la maggior parte degli uomini non sarebbe stata in quasi diverse relazioni drive-thru se le donne avessero pensato all'orologio e si fossero preparate in anticipo.

Come condurre un Anti-Date

Assicurati di avere dei piani subito dopo - vuoi lasciare la festa mentre ti stai ancora divertendo, così lui vuole di più da te. È più bello avere anti-dati durante il giorno o, se il tuo programma non lo permette, come un drink veloce dopo il lavoro.

Se volete essere veramente severi su questo, offritevi di condividere il costo. Suggerirei che se usa, lascia che paghi lui; ci sono alcune cose con cui anche l'anti-data non dovrebbe scherzare.

Una volta all'anti-appuntamento, dimenticati di te e presta la massima attenzione a lui, ascolta davvero. Ti darà un sacco di informazioni in questa prima ora. Guardati allo specchio prima di incontrarlo, esamina il tuo abbigliamento e il tuo trucco, e poi lascia cadere la tua autocoscienza. Questo è il momento di impegnarlo in una conversazione Hghthcarted che stimola il suo muscolo del punto di vista; vuoi sentire la sua presa sulle cose. L'ho già detto. Ascoltare il punto di vista di un uomo e ottenere una presa sul suo osso divertente vi dirà di più su di lui che fargli recitare

Scegliete qualcosa di specifico e vedete come si sentirà a riguardo. Lasciate che la discussione fluisca in qualsiasi direzione desideri prendere, ma mantenetela divertente.

Porre fine all'anti-database

Ci sono tre modi per terminare un anti-appuntamento, ognuno dei quali dipende dal tuo istinto:

1. Se sei incerto, digli che hai pensato che è stato piacevole, che ha bisogno di chiamarti in modo che possiate avere un "pranzo" ancora una volta al più presto. Stai organizzando un secondo anti-appuntamento.

2. Se lo odiate e volete che torni strisciando nella melma del fiume da dove è venuto bene, forse è un po' dura. Diciamo solo che non l'hai fulminato. Sii educato e ringrazialo per averti incontrato. Non c'è bisogno di dire: "Ci sentiamo presto".

3. Se ti piace, lascialo con una firma sexy: un sorriso birichino, un paio di parole scelte (ad esempio, "Stavo per piegare i calzini prima di andare a letto stasera, e ora sono distratto"), un abbraccio prolungato, o un flash di scollatura o di gamba. (Sai come farlo senza sembrare ovvio).

La differenza più significativa tra l'anti-appuntamento e quello che segue è che all'appuntamento successivo, entrambi avete concordato con calma che siete interessati. L'umore del primo vero incontro romantico sarà quindi aumentato.

Il silenzio è d'oro.

Il silenzio è sempre d'oro:

- siete indecisi se chiamare o meno.

- non hai avuto l'impressione che tu gli piacessi così tanto.

- ti ha solo fatto incazzare, o

- ti ha scortesemente lasciato.

Pensare troppo alle cose è la radice di tutti i mali nelle relazioni. Alle donne piace partecipare al sovrappensiero ad ogni occasione. Questo è principalmente un assassino quando si tratta di relazioni perché spesso vi comporterete come se specifici scenari di fantasia fossero reali. Questo può mettervi in difficoltà e farvi arrabbiare. Porta anche a telefonate insicure e a e-mail prolisse.

Come essere silenziosi

Fermati e pensa a cosa ti fa il silenzio, e sappi che fa la stessa cosa agli uomini. Il modo migliore per farlo è quello di mordere il proiettile e non chiamare fino a quando non hai lasciato passare un po' di tempo e puoi sentirti positivo quando mandi quell'e-mail o componi quel numero.

Nota: questo non include la chiamata per sfogarsi o per ottenere una chiusura da qualcuno che ha rotto con te in modo maleducato.

Fiducia nel silenzio

Il silenzio costruisce la fiducia in se stessi. A volte, siamo senza speranza di capire se siamo desiderati, anche se per nessun altro fattore che la curiosità. Permettendovi di stare in silenzio e di non fare scelte di connessione avventate o di finire per essere arrabbiati, state mostrando che avete fiducia in voi stessi e che pensate di essere una donna così straordinaria che tutti i chip senza dubbio cadranno rapidamente dove possono. Hai fiducia in te stessa e hai anche un'immagine positiva di te stessa.

Non è facile.

La realtà è che stare in silenzio quando vuoi chiamare è veramente difficile. Quando fissi il telefono e pensi a quanto vuoi sentire la sua voce dall'altra parte, fai in modo di alzarti e uscire per una mezz'ora.

Creare la connessione quando lui ti contatta.

Quando qualcuno ti contatta, è il momento di fare un'impressione che guidi l'interazione in modo tale da risparmiare tempo e stress.

Ricorda, non è il tuo nuovo amico di penna. Desiderate scoprirlo e lasciarlo cadere o uscire rapidamente.

1. Prima di pensare a rispondere, chiediti se ti è piaciuto quello che ha dichiarato nella sua e-mail.

Guarderanno solo la tua immagine. Per estirpare le poltrone La-Z-Boy dalle persone giuste, chiedi loro di tornare indietro e leggere il tuo profilo, e poi chiedi cosa gli è piaciuto di te.

3. Invia un'e-mail come se lo conoscessi da tutta la vita, ma non fare riferimenti sessuali. Nel comporre e indirizzare le e-mail, scrivi solo quando ti sembra. Non c'è bisogno di avere fretta o di fare giochetti.

Se vuoi organizzare una conversazione telefonica entro le prime tre e-mail. I neofiti tendono a finire bloccati in discussioni prolungate via e-mail, quindi chiedi più velocemente che più tardi.

5. Se la telefonata va bene, organizzatevi per un pranzo o un caffè appena, mettendo in chiaro che avete qualcosa da fare subito dopo. Mantieni la cosa dolce e breve.

Quando lo contatti

Sentitevi liberi di chiamarlo via e-mail se trovate un uomo che vi piace.

1. Fagli i complimenti per qualcosa di particolare nel suo profilo, ma tieni la prima e-mail super corta. Elogia tra le sue immagini, i suoi gusti musicali, o qualcosa di divertente che ha scritto nel suo profilo.

2. Quando lui compone di nuovo, chiedigli come sono andati gli incontri online, il che significa che siete entrambi in questo insieme.

3, Togliere di mezzo alcune questioni fondamentali di sicurezza chiedendo se è sposato, se lavora, e il numero di volte che è stato su quel particolare sito di incontri.

4. Segui i passi da due a cinque in "Quando ti contatta".

Tenete a mente: Se chiami qualcuno quando e lui non ti risponde, allora contattalo di nuovo.

La tua rete di sicurezza.

Si propende sempre per essere un po' diffidenti. Ecco come affrontare una sicurezza "internet":

1. Cerca di ottenere da lui quante più informazioni personali possibili, ma fornisci pochissime delle tue. I programmi di messaggistica istantanea rendono questo più facile.

2. I primi incontri dovrebbero essere sempre in luoghi pubblici frenetici. Quando ve ne andate, non tornate subito a casa vostra.

3. Prendi il suo cognome e nome, e cerca la sua identità online.

4. Se puoi incontrarlo solo durante la notte, fallo incontrare mentre sei fuori con gli innamorati.

5. Prenditi più tempo per familiarizzare con lui prima di invitarlo di nuovo nella tua culla.

Se senti un qualsiasi segno che qualcosa non è "giusto", allora cancella del tutto l'appuntamento/incontro. Dite semplicemente che si è verificata un'emergenza familiare e che lo richiamerete.

Tutto questo potrebbe sembrare un po' paranoico, ma fidatevi del vostro istinto e passate un appuntamento sicuro.

CAPITOLO SETTE

Body Beautiful; Make Up Don't Break UP

Cominciamo con un punto fondamentale: Non pulire mai il trucco con il sapone. Se sei figlia di un minatore, devi lavarti con acqua calda e idratarti. Se hai usato qualcosa di ostinato o resistente all'acqua, usa uno struccante o, per un trucco leggero, una crema idratante poco costosa, e puliscilo con dei dischetti di cotone. Così. Non strofinando la tua pelle con il sapone, sembrerai giovane per sempre, supponendo che tu non fumi o ti abbronzi troppo. Beh, il tuo regime di bellezza ha molto a che fare con il tuo successo a lungo e a breve termine nelle relazioni.

Trucco e donne

Quando le donne generalmente passano molto tempo nei loro regimi di trucco, anche agli uomini non piace. Ci irritiamo per il fatto che stai monopolizzando il bagno e ci spazientiamo quando noi vogliamo andarcene subito e tu hai bisogno di altri quaranta minuti. Troppo tempo per il primp è anche pericoloso perché spendere abbastanza tempo su qualcosa di così superficiale può dare al tuo uomo l'impressione che le tue preoccupazioni siano distorte.

Il trucco per una routine facile

Quando esci con un nuovo ragazzo, vai ai primi appuntamenti con un trucco discreto. Lui dovrebbe vedere la vera te all'inizio, con meno trucco possibile. Lascialo soccombere alla variazione naturale più sexy di te. Se ti trucchi le prime quattro volte che ti vede (trucco da clown), dovrai continuare così per il resto della relazione. Il tuo look naturale è semplice da mantenere, e l'offerta bonus è che quando sarai tutta agghindata per una festa o un matrimonio, lui penserà che sei una donna nuova.

La lezione di questa storia è che dovresti apparire nel modo in cui vuoi essere trattata. Andare al naturale non è il solo biglietto per il treno, ma se sei naturalmente ben curata, gli uomini lo capiranno e risponderanno trattandoti come sembri:

-Come il fitness influisce sulla tua vita sentimentale

Non c'è un modo migliore per dirlo: più sei bella, più alta sarà la varietà di uomini che ti troveranno attraente. Lo stesso vale per gli uomini, ma come probabilmente ora sai, gli uomini sono un po' più superficiali e meno flessibili quando si tratta di look. Come ripeto più e più volte, gli uomini sono animali visivi! Quindi devi avere un bell'aspetto, e comunque, più uomini attiri, più scelte avrai. Essendo in forma, ti darai la migliore opportunità di incontrare quella persona speciale con cui hai chimica, di entrare in quella fantastica relazione che non ti fa "accontentare". Non volete essere "l'ultima donna scelta". E il modo per evitarlo è quello di mantenersi in forma.

La buona notizia è che qualsiasi corpo in forma e ben curato può essere attraente per orde di uomini. Sì, ci vuole lavoro e impegno, ma le ricompense superano di gran lunga lo sforzo. Smettila di fare una dichiarazione del tipo: "Voglio piacere a qualcuno per quello che sono dentro".

È necessario notare che essere apprezzato per quello che sei dentro è molto importante, ma potresti essere il miglior veicolo sul lotto, e se non sei un po' lucido all'esterno, un potenziale acquirente non valuterà mai sotto il tuo cofano e ti farà fare un giro.

Tu sei quello che pensi

Quando passeggi nello spazio, concentra la tua mente su qualcosa di attraente, fiducioso e cattivo. Questa è un'altra ragione per fare la lingerie giusta e fare una pedicure fresca, anche se nessuno li vedrà sentirsi sicuri è molto più semplice se si è vestiti per il successo.

Le cose da considerare sono:

- cose che trovi romantiche (cena per 2, passeggiate sulla spiaggia, qualsiasi cosa);.

- una fantasia sul tizio dall'altra parte della stanza... lascia che la tua mente vada alla deriva; oppure.

- andare al sodo e pensare semplicemente al sesso.

Gli estranei non hanno idea di quali siano i vostri punti di forza o di debolezza, quindi se state pensando a idee sexy e robuste, sarete visti come intensi e sexy. Le altre donne non avranno la capacità di cogliere la tua mentalità, ma i ragazzi giovani sì.

Posizione del corpo.

Hai mai osservato come cammini quando sei felice rispetto a quando sei infelice? Avete mai immaginato i sentimenti degli altri dal modo in cui stanno in piedi? Lo sai che l'hai fatto. Scopri questi tre segreti per un movimento attraente del corpo:

1. Ottima postura: Stai dritto e rilassa le spalle e i muscoli facciali.

2. Camminare lentamente: Muoviti un po' più lentamente del solito.

3. Consapevolezza del corpo: Assicurati di sentire cosa sta facendo il tuo corpo mentre si muove. Concentrati sui flessori dell'anca e sul collo.

La fiducia è sexy!

Cosa non fare

Questi sono tutti significanti disattenzioni, antitetici alla sessualità:

- dinoccolato;
- occhi sfuggenti e mancanza di contatto visivo;
- un atteggiamento rigido o un'andatura rigida.
- comportamento stressato; un'espressione facciale turbata, irritata o preoccupata; e,
- qualsiasi abitudine da tappezzeria, come appoggiarsi a un muro o evitare la folla.

Gli occhi ce l'hanno.

Basta tenere un leggero pensiero e guardare qualcosa di cattivo, anche se la tua conquista ti sta parlando della sua cassetta degli attrezzi. Potrebbe anche chiederti cosa stai pensando - ma molto probabilmente non lo farà, per paura di sbagliare. Se te lo chiede, la tua risposta deve sempre essere: "Oh, ti sto solo ascoltando e pensando a quello che stai dicendo".

La percezione è spesso superiore alla realtà, e ora è il momento di usarla a vostro vantaggio.

Seconda Base.

Ricordate la prima, la seconda e la terza base? Non sto parlando di baseball, sto parlando di quanto ti lasci scegliere da un uomo.

Il primo passo è baciare, il secondo è toccare sopra i vestiti, il terzo è toccare sotto i vestiti, e un home run è, beh, un coronamento!

Quando le cose erano più semplici, è più facile tornare indietro nel tempo. Prendete il liceo, per esempio, dove un giorno di istruzione consisteva nell'imbrogliare in un test di matematica, mettere un topo vivo nelle macchine dell'insegnante e pomiciare con un'alternativa sexy

Relazione macchina del tempo.

È più facile di quanto si pensi tornare ai giorni in cui si aveva un programma non scritto di quanto tempo si doveva impiegare per andare da una base all'altra. Non c'è bisogno di lanciare l'idea di tornare al "liceo". Semplicemente accompagnatelo al primo passo, con la prospettiva di fare sul sedile posteriore di una macchina. Il n "swing" un po 'più difficile su ogni data, di conseguenza fargli sapere che c'è più sul ponte se lui è un giocatore di stelle-.

Quando tieni la palla con il tuo gruppo, il baseball lavora a tuo favore. Spostatevi da una base all'altra ad ogni velocità con cui siete a vostro agio, lasciandogli prendere una base di tanto in tanto per diventare più premurosi ad ogni appuntamento. Puoi conoscerlo molto meglio e decidere se andare per il grande slam con le basi piene o se tagliare corto e taggarlo fuori in seconda istanza. In entrambi i casi, dipenderai sempre dalla mazza.

La danza sessuale in tre passi.

Passo 1: Stuzzicare.

Simile al tuo bisogno di "entrare nello stato d'animo", gli uomini hanno bisogno di essere attirati ben prima di andare a letto. Questo è particolarmente vero nelle relazioni di lunga durata. Fallo eseguendo l'atto cliché della presa in giro. Gli esempi includono:

- Camminare nudi verso il frigorifero.

- Piegarsi a destra dalla vita invece che dalle ginocchia.

- Vestirsi in un modo che è anormalmente intrigante dal punto di vista sessuale per il tuo guardaroba.

- Schiaffeggiare il suo culo in modo romantico o fare qualcosa di fisico che un uomo farebbe generalmente a una donna.

Passo 2: Resistere.

Resistete se tenta di ricambiare i vostri gesti, ma fatelo in modo stuzzicante.

- Se tenta di baciarti o di accarezzarti, sentiti libera di ricambiare il bacio e di iniziare a muoversi in un modo che sia caldo e fastidioso; poi sorridi e vattene.

- Se è aggressivo nel processo, combattilo in modo giocoso, ma resisti all'arresto; questo aiuta ad aumentare il suo desiderio di continuare a perseguirti.

Passo 3: Cedere

Quando finalmente ti arrendi, dovrebbe fargli sentire come se ti avesse conquistato, anche se è solo per i primi minuti della sessione.

Lasciate che pensi o creda di cavarsela con qualcosa. Una volta che le cose sono in corso, sentitevi liberi di saltargli addosso.

Il processo in tre fasi non è sottinteso per essere avvilente per le donne. Semplicemente utilizza il desiderio naturale di un uomo di perseguire il sesso dandogli la possibilità di farlo. Ci sono altri modi significativi per mantenere il sesso eccitante, come una serie di toccate e fuga, che possono anche mantenere quel muscolo in buone condizioni. Ma il processo in tre fasi è un tentativo che si può usare per qualsiasi relazione in qualsiasi fase. Se un uomo non vuole fare l'amore con te, tenta queste tre azioni, e se è ancora riluttante o non vuole, mollalo o prendilo da qualche altra parte. Questo è quello che fanno gli uomini.

Trova il modo di farti perseguire da lui un po' più di quanto tu persegua lui - questo lo manterrà con successo a caccia.

CAPITOLO OTTO

Messaggi di testo

I messaggi di testo, o come mi piace chiamarli, "sext messaging", non sono solo una moda. È la forma più importante di preliminari, considerando che il bacio.

In questo capitolo prenderemo in considerazione i messaggi di testo come strumento di seduzione e di appuntamento. Imparerai anche quando inviare foto birichine.

Foreplay

Le parole sono valide, e se scegli quelle giuste al momento giusto, possono avere un effetto stuzzicante. Mantenete i vostri messaggi dolci e brevi, scegliete frasi che siano più suggestive che apparenti, e tenete sempre presente che potrebbe non essere l'unico a leggerli che deve risparmiarvi qualche problema di tunnel carpale.

- "Mi sono svegliato pensando a te... mmmm".

- Ho qualcosa che vorrei mostrarvi...".

- "È un po' difficile mandare messaggi con una sola mano... hee nee".

- Si ama il modo in cui ti senti".

- Grazie.

Quei brevi messaggi birichini ricevuti mentre il tuo uomo è al lavoro o fuori con gli amici possono fargli girare le ruote nella tua direzione. Ricevere messaggi di testo è anche incredibilmente intimo perché l'intero scambio avviene internamente: lui non sta leggendo ad alta voce, quindi stai letteralmente entrando nella sua testa! Consideralo la prossima volta che i tuoi pollici stanno ballando sulla tastiera.

Immagini di sexting.

Sedurre con i messaggi sext è un'abilità che ha bisogno di capire il tuo uomo e specificare i confini personali che ti piacciono. Attualmente ho spiegato che usare le parole giuste può essere un potente stimolatore, aggiungi la foto migliore e sei letale. Ma se scegli di mandare delle foto, cerca di fargli mandare prima una foto compromettente di se stesso. Non fa mai male avere delle garanzie!

- Manda delle foto subito dopo esserti fidato di lui.

- Le immagini sono meglio fornite con didascalie comiche; il sesso e l'umorismo sono le attività preferite dagli uomini.

- Non aggiungere mai la tua faccia o qualsiasi informazione identificativa, come tatuaggi, luoghi o oggetti identificabili sullo sfondo, o gioielli alla moda.

- In generale, le donne che escono con uomini più giovani (dai sedici ai trentadue anni) non devono inviare immagini che non vorrebbero che il mondo intero vedesse. In poche parole, assicurati che il tuo ragazzo sia abbastanza maturo da non rivelare tutti i suoi amici, ma aspettati che mostri almeno un amico.

- Spiega che qualsiasi sfruttamento dei tuoi messaggi di testo personali è una rottura dell'accordo, che lui camminerà se rompe questo codice di fiducia.

Adescamento.

I messaggi di testo possono anche essere usati per adescare qualcuno. Questo richiede una certa quantità di creatività e di abilità narrativa. Io lo chiamo l'approccio "Io capisco qualcosa che tu non sai". È sofisticato, ma funziona. Ecco come si fa:

1. Pensa a una storia sexy e alla fantasia.

2. Somministrare la storia in piccole parti attraverso il testo. Inizia inviando un testo che dice qualcosa come: "Devo

informarti di una cosa". Lascialo semplicemente lì, e lui reagirà con "Cosa?".

3. Tu reagisci con: "Ti mando un messaggio tra un minuto". Il punto è quello di incuriosirlo in qualcosa che hai da dire, per farlo abboccare gradualmente.

4. È probabile che ti chiami e ti chieda di dirlo a voce. A questo devi resistere. Non parlare al telefono.

5. Non appena l'hai agganciato, scrivi la fantasia in piccoli pezzi da tre a dieci parole. Risponderà come tra i cani da compagnia di Pavlov.

Più sarete fantasiosi, più vi divertirete. Avrete anche la possibilità di esercitare il potere di condurlo in giro. È un ottimo affare.

Perché gli uomini usano i messaggi di testo.

La maggior parte degli uomini usa gli sms come arma nella loro cassetta degli attrezzi per gli appuntamenti. Ecco perché:

- possono messaggiare da quasi ovunque, ad esempio mentre sono ad un appuntamento e la signora è nel bagno delle donne, mentre sono al lavoro, o mentre sono seduti sul divano a godersi la partita.

- È furbo, e la gente ama i furbi.

- Non è necessario parlare al telefono.

- Rende più semplice mentire.

- Non c'è nessuna forma di rumore di fondo o qualsiasi altra cosa che possa indicare dove sono.

-Possono comunicare rapidamente con circa tendifferenti donne.

(forse di più, se scriviamo velocemente!).

- Gli sms di sesso evitano il rischio di rifiuto al telefono.

- Ci piace avere una foto di voi nudi sui nostri telefoni. Questo funziona principalmente a vostro favore. Intuizione, in mente.

Gli sms non sostituiscono la conversazione.

Sei preoccupata che il tuo uomo ti mandi solo messaggi? Assicurati di averlo addestrato a chiamare e comunicare in modo individuale fin dall'inizio della relazione. Fagli i complimenti quando chiama, e non rispondere ai messaggi quando non ha chiamato.

In altre parole, allenatelo a chiamarvi. Prendere la decisione giusta per chiamare e mandare messaggi di solito dipende dalla situazione. Ti sto dando degli standard a cui attingere quando non sei sicuro, ma in generale, fidati del tuo istinto. Le cose possono sfuggirti di mano se non hai una regola empirica in vigore. Gli sms devono essere usati per aumentare la seduzione, non come un surrogato dell'interazione umana!

In questi giorni, stiamo interagendo regolarmente ma affermando meno. Una comunicazione rapida non è sempre una comunicazione eccellente. Finché le persone avranno sangue nelle vene e aria nei polmoni, non ci sarà alcun sostituto per il contatto umano.

Chiamata difficile

La natura elimina gli uccelli, le piante e i parassiti deboli permettendo solo a quelli forti e intelligenti di sopravvivere. I maschi e le femmine fanno la stessa cosa l'uno con l'altro, con ciascuno che costringe l'altro a sopravvivere attraverso una serie di prove di relazione. Simile allo scoiattolo che giudica male un salto da un ramo all'altro è spacciato, anche il ragazzo che trascura i tuoi segnali emotivi è spacciato.

Anche se questi test non hanno conseguenze di vita o di morte, sono comunque essenziali. Nella maggior parte delle relazioni, la donna mette alla prova l'uomo per vedere se è abbastanza alfa o anche consapevole dei suoi bisogni.

Gli uomini spigolosi e i ragazzi cattivi spesso cambiano le carte in tavola e decidono di metterti alla prova. Potreste trovarlo fastidioso, quindi vi descriverò perché e come gli uomini lo fanno, così potrete capire come rispondere.

Perché gli uomini fanno questo?

- Gli uomini finiscono per essere così esperti nel conquistare le donne da cercare una difficoltà;

- Gli uomini sono molto più propensi a mostrare i loro veri colori quando sono incazzati; e.

- Gli uomini vogliono un modo veloce per vedere dove sono i tuoi punti deboli e i tuoi punti di forza.

Siete mai stati con un uomo che, all'improvviso, sembra intenzionalmente ostile in una conversazione, premendo i vostri bottoni (anche se mai fisicamente)? (Saprete che non vi sta controllando.

CAPITOLO NOVE

Regole di appuntamento che le donne devono seguire

Se siete pronti ad andare al vostro primo appuntamento, potreste essere ansiosi. Ti stai chiedendo di cosa parlare, cosa indossare o se ti bacerà. Vorresti fare una buona impressione e idealmente arrivare ad un secondo appuntamento.

Questo è tutto bello e buono, ma mi porta alla regola n. 1.

Dimenticati di impressionarlo. Sei tu il selezionatore qui.

Il modo migliore per avvicinarsi all'appuntamento numero uno è essere se stessi e non preoccuparsi di impressionarlo. Agli uomini piace quando si notano le piccole cose che fanno. Questa è una delle grandi linee guida del primo appuntamento per le donne.

Non parlare del tuo ex. Niente, nada, zip, zilch, non una parola. Questo è un sostanziale rifiuto. Le persone spesso amano parlare di se stesse e non desiderano davvero scoprire del tuo ex e di come ti ha fatto male. Ti rivela in una luce estremamente poco attraente.

Non informarlo sul tipo di uomo che stai cercando. Reindirizzalo, se possibile, se la conversazione va in questa direzione. Lascia che si chieda che tipo di uomo stai cercando e che si chieda se potrebbe essere lui. Non hai bisogno di informarlo che stai cercando di trovare un uomo che sia fedele, sincero, che si impegni yada yada. Tutto questo va da sé. Non dargli nessuna idea, vuoi vedere che tipo di uomo è, non un uomo che tenterà di essere quello che tu desideri che sia.

Non interrompere e parlare di te stesso quando lui sta parlando di lui. Se ha semplicemente condiviso una storia e tu ne hai una simile, tienila per te fino a quando non ha finito di parlare.

Gli uomini scappano dai sentimenti. Hai un sacco di tempo per dirgli più tardi, dopo averlo agganciato, di come tuo padre ti ha abbandonato o altro. Gli appuntamenti non sono un posto per lui.

Un sorriso ha la tendenza a dire più di quanto potrebbero mai fare le parole. Vi mostra in una luce calda e attraente.

Non parlare del futuro. Questa regola del primo appuntamento per le donne è enorme ed è il posto numero uno in cui sbagliano. Non chiedetegli quando chiamerà. Non chiedetegli quando lo rivedrete, e non chiedetegli cazzate sul futuro per quanto riguarda voi e lui. Questo gli dice che ha il potere di dettare le regole su come va. Lui non ce l'ha, voi sì.

Il segreto per un primo appuntamento di successo è nel tuo atteggiamento. La maggior parte delle volte, le donne si chiedono se il ragazzo le chiamerà mai più, e iniziano ad analizzare ogni minuto dell'appuntamento.

Invece di chiedersi se chiamerà di nuovo, immaginatelo mentre si chiede se accetterete un secondo appuntamento. Seriamente, le donne investono molto tempo nell'ossessione per gli uomini. La migliore regola del primo appuntamento per le donne sarebbe nella tua mente.

Regole di appuntamento per le donne da seguire

Forse avete interagito con, o forse avete amici che appaiono semplicemente programmati per essere a proprio agio con se stessi, ma sono stupefacenti con il minimo sforzo? Ti è saltato in mente di contemplare assolutamente quanto sia facile per alcune donne essere se stesse mentre attraggono ragazzi a destra e a manca?

Sono semplicemente dotati di una fortuna ridicola o hanno scoperto qualcosa che tu non hai?

Concentriamoci su alcune linee guida essenziali per le donne che stabiliscono una destinazione sicura con il sesso opposto:

Considera te stesso come un tesoro, e lui ti seguirà

Una donna attraente sa di meritare abbastanza il tempo, l'impegno e, soprattutto, il RISPETTO di un uomo. Siccome sente che una relazione romantica potrebbe conservarla, non mira mai ad un gentiluomo solo perché sente che una relazione romantica potrebbe salvarla.

Il fatto è che la sua vita quotidiana è così soddisfacente che non chiede un uomo che la ripari o che la renda completa. Una ragazza impertinente è completamente a posto nel rimanere single al momento, principalmente perché è consapevole che Mr. Right arriverà a tempo debito.

In generale, non c'è bisogno di essere in modalità panico o anche di ridurre le tue aspettative per creare spazio per un uomo che non si prenderà cura di te nel modo in cui dovresti essere curato. Soprattutto, non considerate di attrarre un ragazzo per disperazione, per la facile ragione che non è una qualità particolarmente attraente.

È vitale essere una donna auto-referenziata che non cerca una persona attraverso le opinioni pubbliche. Permetterà un gentiluomo nella sua vita anche se tende a renderla felice e a stimolare la sua crescita individuale.

La sua relazione romantica non specifica la sua esistenza ma la migliora. La difficoltà di numerose donne è il fatto che frequentemente escono con un uomo per la ragione precedente piuttosto che per la seconda.

Si comporteranno in modo disperato e appiccicoso solo perché hanno una paura mortale di rimanere soli, anche se questo indica la diminuzione delle loro aspettative insieme alla sopportazione di qualsiasi ragazzo che viene da loro.

Comportarsi per paura non può mai essere la base per una relazione romantica sana e duratura!

Per dirla in modo semplice, l'autostima si ottiene dando valore a se stessi, il che successivamente farà sì che un ragazzo di qualità si rivolga a voi nello stesso modo. Altrimenti, una donna attraente non ha problemi a mostrargli la porta d'ingresso e quindi ad andare avanti con la sua vita.

Basta dire "NO" ai giochi di testa

La follia di manipolare un uomo è il fatto che ogni felicità e gioia che otterrai giocando con la sua testa sarà probabilmente di BREVE DURATA dopo che gli avrai dato le tue migliori carte e lui avrà smesso di inseguirti; di conseguenza non ci sarà molta voglia di restare.

Per questo motivo, non preoccupatevi di rispettare una manciata di linee guida assurde. C'è un'abbondanza di raccomandazioni distruttive che nuotano là fuori, che di solito sono stabilite da esperienze specifiche che non riguardano tutti. Si può sentire che non si deve baciare al primo appuntamento, o anche che si deve andare a letto con lui al terzo appuntamento.

Per favore, tutti questi cosiddetti standard sono prodotti da persone amareggiate e annoiate che vogliono assicurarsi di non essere bruciate di nuovo. Seguire tutti questi standard porterà solo al gioco, che è solo un altro termine per "manipolazione".

Come ho detto, l'inganno non ha alcun posto in una sana relazione romantica, e qualsiasi cosa basata su una bugia inevitabilmente andrà in pezzi in futuro. Proprio per questo è più importante essere invece una ragazza equilibrata. Il che significa non giocare a "fare la difficile", né offrirgli praticamente nessuna difficoltà.

Una donna attraente è quello che è in parte perché sa trovare una via di mezzo: non si confonde con la testa di un uomo, né si lascia conquistare senza sforzo.

Porta la tua mente fuori dalle nuvole

Sei consapevole del fatto che gran parte dei problemi di relazione derivano dall'avere aspettative irrealizzabili. Stai tenendo i ragazzi di qualità fuori dalla tua vita ogni volta che rimani intrappolata fantasticando su stereotipi irraggiungibili.

Questo è principalmente perché nessuno di loro può paragonarsi bene alla residenza dell'uomo adatto (estremamente migliore) all'interno del vostro mondo dei sogni! In verità, dovresti imparare a temperare le tue aspettative con la consapevolezza dell'utilità.

In una galassia parallela, tutti gli uomini che incontrerai hanno grandi braccia, addominali da 6, spettacolari apparizioni strappate e ricchezza illimitata. Si potrebbe pensare che soddisfare ognuno di questi attributi sia la soluzione per una relazione eccellente, ma è molto più di questo.

Fate questa domanda: "Avrò una relazione romantica felice se il mio uomo non avesse (inserire qualità qui)?" Puoi rendere le tue aspettative più ragionevoli o semplicemente cancellare del tutto quella specifica caratteristica se è così. Se non è così, allora garantisci che sia sulla tua lista e poi continua con le tue molte altre aspettative.

Scendete nella vostra lista e implementate le basi. Tra qualcosa come 20 anni da ora, il corpo dell'immagine perfetta sarà ancora considerevole, contrariamente alla maturità psicologica, all'affidabilità o forse alla stabilità? Consideratelo per un po'!

Qui non stai vivendo in un film - è il mondo reale in cui ti trovi. Non procrastinare l'arrivo di un cavaliere coraggioso che ti salvi dalle fatiche della tua vita quotidiana.

Dovrai farlo da solo!

Trai piacere e soddisfazione dalla tua vita quotidiana, non da una relazione romantica

Mentre una ragazza impertinente creerà sempre spazio per un uomo degno nella sua vita, non è pronta a capovolgere la sua routine solo per soddisfare le sue preferenze personali. Ha il coraggio di continuare a vivere nel modo in cui era prima del loro incontro.

È eccezionalmente cruciale non perdere l'attenzione sugli elementi extra della tua vita quando entri in una relazione romantica. Come abbiamo detto, la tua vita dovrebbe concentrarsi su ciò che è più efficace per te.

Assicurati di avere le tue priorità principali ordinate e anche di non prendere la pratica di lasciar cadere tutto il resto solo per lui. Tuttavia, va bene a volte lasciare del tempo prezioso per voi stessi e abbastanza spazio per una crescita personalizzata.

Questa è la preoccupazione di molte donne: non appena un ragazzo entra nella foto, praticamente tutto va in tilt. Non si ricordano della famiglia e degli amici, si rilassano sul posto di lavoro e addirittura spariscono definitivamente dalla faccia del pianeta.

Questa non è la soluzione per vivere la tua vita quotidiana. Una relazione romantica dovrebbe evidenziare la qualità della tua vita e quindi ispirarti a fare meglio.

Tornando a ciò che ho menzionato in passato, il fatto che tu abbia o meno un fidanzato al momento non dovrebbe influenzare la foto grande. La migliore regola di dating per le donne è quella di stabilizzare le tue priorità principali continuando a tenerlo nel giro, ma non al punto in cui ora sta sconvolgendo la tua vita quotidiana.

Ritornando alla nostra metafora della terra di mezzo, scoprite il modo di uscire dalla vostra strada quando è opportuno comprare allo stesso tempo, state lontani dall'apparire troppo scarsi. Non nascondetevi da lui semplicemente per osservare esattamente quanto lontano vi inseguirà. È meglio che compriate un cane se vi piace questo tipo di cose.

Paragonabile agli uomini, ci sono regole che le donne possono giocare in una relazione. Queste sono considerate standard nella società e sono preziose per capire se le loro relazioni possono continuare. Gli appuntamenti possono essere paragonati a un gioco, e in ogni gioco, ci sono vincitori e perdenti. Queste linee guida possono rendere la signora una vincitrice.

La ragazza dovrebbe sempre avere un bell'aspetto. Usare bei vestiti, assicurarsi che i capelli siano in forma e usare rossetti. Ovunque nel mondo, ci sono uomini che si avvicinano direttamente alle donne per avere la possibilità di iniziare una relazione.

Non esporre dettagli eccessivi su di te. Questo include dare il tuo numero di telefono di casa e il tuo indirizzo e-mail. Agli uomini piacciono sempre le donne misteriose.

Se sei una donna che è magra, non importa come mangi, è fantastico, ma le grandi hanno bisogno di lavorare sui loro corpi per essere in forma.

Lasciatelo spendere per i vostri pasti e tutto il resto, facendo questo, non importa quale sia l'esito della relazione, non perderete.

Mostra che ti piacciono i fiori. E lascia che lui ne compri qualcuno per te.

Non presentarsi in anticipo agli appuntamenti. Fallo aspettare. Sei tu quella che viene inseguita.

Non essere mai eccessivamente disponibile. Una ragazza senza vita non sembra eccitante.

Non lasciate che gli appuntamenti siano una seccatura. Breve e interessante li farà desiderare di più. Se ti sembra che l'incontro sia troppo lungo, suggerisci che non ti senti bene in modo femminile.

Gli uomini sono esseri orgogliosi, quindi non parlate mai dei vostri ex-ragazzi. Non ha bisogno di sapere che altri ragazzi hanno passato del tempo con te, e non gli piacerà nemmeno saperlo.

Mai offrire o cedere a una richiesta di sesso troppo presto. Questo può portare a un "game over" prematuro.

Sia cortese. Non criticare mai i suoi amici e la sua famiglia. Questo non lo farà cambiare in ogni caso, quindi evitate di ottenere un cipiglio dal vostro uomo.

Quando si tratta di incontri online, ci sono anche alcuni standard. Non dare mai la tua email principale fino a quando non hai scelto l'uomo per essere il tuo ragazzo o un amico. In modalità online, è ancora la signora che deve essere inseguita.

Ti viene a prendere per un altro appuntamento. Forse è il secondo appuntamento, o forse il quarto o il quinto. Le regole degli appuntamenti per le donne possono essere così complicate in alcuni casi, e il percorso verso il suo cuore ne è disseminato.

Vestiti al meglio - L'aspetto è importante

L'aspetto non è tutto, così dicono, ma il fatto è che un'ottima salute, un aspetto curato e un odore gradevole del corpo lavorano a tuo favore. Prenditi un po' di tempo per renderti attraente ed elegante. Il tuo appuntamento apprezzerà lo sforzo. Gli uomini spesso amano una donna che si preoccupa sinceramente del suo aspetto e del suo benessere e saranno incredibilmente attratti da te.

La fiducia fa brillare una donna

La fiducia è necessaria da parte tua per vincere a farlo tuo. La fiducia in se stessi è sexy.

Gli uomini sono portati in una donna positiva, quindi se questa è un'area debole per voi, allora scoprite come acquisire fiducia in voi stessi. La fiducia in se stessi è semplicemente essere sicuri di chi siete, quali sono i vostri punti di forza e quanto siete importanti.

Dagli una conversazione stimolante

Oltre ad essere attraente e bella, dovresti avere la capacità di tenere una conversazione intrigante e coinvolgente con gli uomini. Se riesci a far ridere, parlare e divertire un uomo tanto quanto lui lo fa con te, allora stai facendo notevoli progressi nel gioco dell'amore. Più sei in grado di fare questo, più sei pronta a tirarlo in un altro appuntamento, ripetutamente, sempre.

Discutete alcuni momenti divertenti che avete avuto, e forse anche un paio di quelli imbarazzanti, ma non andate troppo sul personale. Continuate ad andare avanti e indietro, e gestite bene la palla quando è nel vostro campo prima di passargliela di nuovo.

Sorridi spesso - Sei bella

Gli uomini amano una donna che ama sorridere. Può illuminare la sua e la tua giornata - e i sorrisi mettono sempre chi sorride di buon umore immediatamente. Rivela quei bianchi perlati sexy.

Come puoi vedere, rivelare i tuoi colpi migliori per conquistare un uomo non è difficile. Le regole di Dating per le donne possono essere diverse, ma imparare a sorridere, irradiare fiducia, ed essere un fantastico conversatore può andare molto lontano.

Quante volte vediamo queste scene nei film, il primo appuntamento crea sempre un sacco di farfalle nello stomaco, indipendentemente dal sesso della persona. Se sei una donna che vuole uscire con qualcuno in modo completo, allora puoi scoprire le molte regole che ti guideranno nel bellissimo gioco degli appuntamenti.

- La sicurezza prima di tutto:

Se è il vostro primo appuntamento o se vi frequentate spesso con aman, allora siate sicuri della vostra sicurezza inizialmente. Non rivelare mai tutte le tue informazioni personali al primo appuntamento. Sarà paziente per controllare di più sul lato personale dell'uomo che avete scelto reale.

- Trova un terreno comune: Essendo una signora, dovresti sentirti a tuo agio riguardo al luogo e all'atmosfera dell'appuntamento. Non andare a cena a lume di candela o a fare lunghi viaggi in macchina. Identificate ciò che piacerebbe ad entrambi e incontratevi in luoghi di interesse comune, come musei d'arte, parchi e così via. Questo potrebbe anche essere un evento sportivo comune come giocare a tennis, ping-pong, o semplicemente tirare le freccette.

- Divertiti:

Assicurati di divertirti quando stai con il tuo uomo. Agli uomini piace stare in compagnia di donne attraenti e ben curate.

- **Coinvolgere in attività**: Se sei ansiosa di stare con un uomo e di parlare con un uomo, assicurati di invitarlo a una delle tue attività preferite, come una passeggiata nel parco, un'escursione a cavallo, ecc.

Forse lo stai facendo nel modo sbagliato, o forse hai solo bisogno di alcune regole di incontri che renderanno il processo un po' più facile. Segui le regole e vedrai la tua vita di incontri cambiare molto più velocemente di quanto ti aspettassi.

- **Sapere cosa si desidera.**

Sembra troppo semplice, ma devi sapere cosa vuoi e attenerti ad esso. Se stai solo cercando qualcosa di casuale, attieniti a questo, e non lasciare entrare nella tua vita ragazzi di tipo relazionale, o sarai la causa del mal di cuore. Se stai cercando un uomo duraturo, saltare nel letto con il primo individuo che ti chiede di uscire manda il messaggio che desideri un'avventura. Sappiate cosa volete e attenetevi ad esso.

- **Ama te stesso**

Questo sembra essere quello dei consigli di incontri per donne che le donne vogliono saltare. Siamo in un'epoca di principio di piacere, e molte persone cercano di trovare qualcosa di veloce e facile. Ama te stesso. Invierà inconsciamente il messaggio agli uomini che sei una donna positiva che merita di uscire.

- Sappiate come essere fantastici.

Prendetelo se avete bisogno di assistenza per il design o la cura delle persone. Non c'è assolutamente nulla di male nel rivolgersi a dei professionisti. Potresti comprare un nuovo guardaroba se sei nuovo della scena, o semplicemente ottenere qualche consiglio su come combinare quello che hai già. Stabilisci un aspetto che ti faccia sentire fantastico.

Iniziate a usare la biancheria intima più frequentemente non perché andrete a letto con ogni uomo con cui entrerete in contatto, a meno che questa non sia la vita sentimentale che volete, ma perché fa qualcosa per la vostra autostima che vi rende più visibili quando entrate in una stanza. È un piccolo consiglio di stile che include la fiducia in se stesse in un attimo. Anche quando hai delle belle cose di pizzo sotto la tua tuta di Juicy Couture, ti senti immediatamente più sexy. E quando ti senti sexy, ti comporti in modo attraente, e gli uomini lo adorano.

- **Non preoccupatevi delle piccole cose.**

Quando si tratta di design, stile e bellezza, ossessionarsi sulla realtà che le tue sopracciglia non sono state depilate in modo uniforme porterà la tua attenzione lontano da un appuntamento davvero fantastico. Allo stesso tempo, se stai dando di matto tutta la sera perché il cameriere ha rovesciato dell'acqua sul tavolo, non vedrai la notevole discussione del tuo appuntamento. Non preoccupatevi delle piccole cose.

Se stai cercando una persona a breve termine che non prende sul serio gli appuntamenti, mettiti dove sono 3/4 i bar, i club e i locali da ballo. Il punto è che per uscire efficacemente, hai bisogno di incontrare uomini, e questo non succederà mentre sei a casa a navigare su Internet.

La linea di fondo

Il processo di incontri nel 21° secolo è più facile a dirsi che a farsi, non solo per le donne, ma anche per gli uomini. I migliori consigli per gli appuntamenti per le donne del 21° secolo includono suggerimenti che aiutano le donne ad essere una donna del 21° secolo, senza sembrare troppo impazienti. Ha bisogno di sapere esattamente cosa vuole e allo stesso tempo avere la fiducia in se stessa per perseguirlo. Assicurati di avere un bell'aspetto, amati sempre e mettiti in gioco, e non passerà molto tempo prima che tu incontri un uomo che vorrà cenare con te. E un po' di lingerie non ha ferito nessuna persona.

CAPITOLO DIECI

Gioco di appuntamenti

La vita è piena di giochi. Dall'Xbox alla carta-forbice-sasso, gli esseri umani giocano continuamente. Cosa vi fa pensare che i giochi possano cadere nelle questioni di cuore? Non è così.

Anche se tutti diciamo che non ci piace giocare, tutti noi lo facciamo. Quello che odiamo sono giochi poco interessanti > cattivi giocatori, o, peggio, perdere. La cosa più impegnativa del gioco di appuntamenti è che le linee guida sono nebbiose nel migliore dei casi e, in realtà, la questione di chi vince è in qualche modo soggettiva. Tuttavia, tutti noi sappiamo cosa significa perdere. Quindi, non c'è più bisogno di farlo, ti mostrerò come darti le migliori possibilità di vincere.

Giochi in natura.

Per capire come essere un giocatore efficiente nel gioco degli appuntamenti, è necessario conoscere la natura. Nel regno animale, vari tipi hanno creato alcuni modi incredibilmente creativi di corteggiamento: una cerva sfreccerà per settimane per stuzzicare un dollaro, i salmoni nuoteranno innumerevoli miglia per passare e generare, e i pinguini staranno al freddo per mesi.

Noi non siamo diversi. I nostri riti di accoppiamento sono altrettanto stravaganti. E altrettanto prevedibili. Si dà il caso che gli esseri umani producano diverse reazioni prevedibili - e persino instillate - a tutti i tipi di stimoli.

Il piano di gioco: Giocare per vincere.

Ecco il tuo piano di cinque strategie per arrivare e vincere in cima - gioco di parole inteso. Il trucco è quello di mescolare in molte tecniche di gioco che lui diventa stordito, e poi diventa il tuo cucciolo - animale domestico di famiglia. Se è saggio e duro, sarà un avversario meritevole, e voi due vi divertirete un mondo. La cosa fondamentale da tenere a mente è divertirsi e considerarlo solo un gioco quando ci si trova nel mezzo. Questo non sarà sempre facile. La buona notizia è che a volte la natura ci lancia un osso di semplicità. A volte tutto è perfetto, e non c'è bisogno di troppi controlli ed equilibri. Nel frattempo, però devi mantenere la tua autostima intatta e la tua faccia da videogioco, quindi ascolta bene. Le vostre strategie sono:

- imprevedibilità e spontaneità;

- sviluppare linee guida per la sola funzione di infrangerle;

- non chiamare;

- usando parole sexy; e.

- rilasciando il sesso come arma, in alcuni casi.

Imprevedibilità e spontaneità.

Una cosa è certa: gli esseri umani sono soprattutto curiosi. Approfitta di questo mantenendo il tuo uomo fuori guardia, fuori equilibrio, e sempre a chiedersi. Il modo migliore per farlo efficacemente è il seguente:

1. Vestirsi sempre in modo attraente, ma mai con lo stesso stile.

2. Non chiamarlo mai, mandargli e-mail o messaggi in modo prevedibile. Questo significa che devi chiamarlo quando vuoi (entro certi limiti) o non chiamarlo affatto. Diciamo, per esempio, che generalmente chiameresti subito dopo il lavoro se hai un messaggio da lui, invece, chiamalo durante il giorno o la mattina presto del giorno dopo.

Maneggialo un po'; non permettergli mai di avere la capacità di "anticipare" la tua chiamata. Lui chiama, tu mandi un messaggio. Lui manda un'e-mail, tu chiami. Lui manda un messaggio, tu mandi un'e-mail due giorni dopo Puoi anche scegliere di non chiamare affatto. Questa incoerenza è letale in senso buono

3. Sii puntuale agli appuntamenti e cancella qualche volta. Essere puntuali non è usuale quando si tratta di donne (scusa, ma è vero), quindi questo ti distinguerà e lo farà credere. Appena tra un po', e cancella. Il modo giusto per cancellare per avere il maggior impatto è quello di organizzare qualcosa per una notte in cui avete in programma di fare qualcos'altro (lui non lo sa), e dopo questo, cancellare e chiedere scusa. Ricorda

che non vuoi essere scortese cancellando all'ultimo minuto: Cancella la sera prima o la mattina presto. Fallo per telefono; non mandare messaggi o e-mail! Chiamare dimostra che hai le palle.

4. Spiattella qualche oscenità o commento oltraggioso se non sei cattivo di natura. Non esagerare * Basta che sia visibilmente più razzista del solito.

5. Chiedigli di uscire. Chiedigli un appuntamento. Se ti dice di no, fai semplicemente finta di niente e non rispondere alle sue chiamate per qualche giorno. Vuoi che questa tigre faccia i salti mortali per te, quindi devi essere proattiva.

Soprattutto, non volete che il vostro uomo/vittima noti degli schemi su di voi, perché se lo fa, si stabilirà rapidamente su quegli schemi - e dopo perderà interesse. In altre parole, volete impedirgli di capirvi il più a lungo possibile. È una costante spontaneità, come ho detto prima.

Fare regole per infrangere

L'ipocrisia fa arrabbiare gli uomini come le donne; i doppi standard sono un punto caldo per tutti. Se praticate l'ipocrisia nel modo giusto, questo porterà il vostro uomo sul sentiero di guerra, dove cerca attivamente di capire come potete farla franca con qualcosa. Provocate questo creando delle linee guida che sapete che vanno bene per le donne, ma non per gli uomini.

- Fate una regola che l'uomo non può usare il suo telefono a tavola mentre state mangiando. Quando il tuo telefono squilla, rispondi ma mantieni la discussione super veloce. Se lui mette in dubbio l'ipocrisia, rispondi semplicemente: "Le ragazze parlano al telefono più degli uomini. Non possiamo farci niente, mi dispiace. Non lo farò più".

- Dite che non vi piace veramente baciare in pubblico e poi piantategliene uno addosso. Digli che non hai potuto farne a meno.

- Fatevi aiutare a sollevare qualcosa in casa vostra perché non riuscite a sollevarla. Poi aumentate l'intensità dei vostri fuochi d'artificio dall'andare alla gomma.

Impiegare l'ipocrisia come una delle vostre strategie più sottili può far saltare la sua strategia di gioco. Questo è "hypocritical hardball", e può essere la cosa che vi impedisce di essere sradicati nel campo sinistro.

Tenete a mente che queste "linee guida per la rottura" sono adorabili e divertenti, e molto diverse dai limiti e dagli standard che mettete per la vostra relazione. Assicuratevi che possa discriminare. Inoltre, vuoi usare la cosa del "buono per le donne, non buono per le persone" con moderazione, perché non vuoi che si arrabbi così tanto da lasciarti cadere.

Non chiamare.

Inizio questo settore con un avvertimento: Tieni presente che anche lui potrebbe "non chiamarti". Chiamare è una strada a doppio senso, e non volete che questa strategia vi si ritorca contro. Se vedi che non ha chiamato quando ha detto che l'avrebbe fatto o sta seguendo la regola dei tre giorni o un altro approccio, allora battilo al suo stesso gioco facendo riferimento alle idee sotto "Imprevedibilità". (I ragazzi amano odiare questo.) Oppure prova queste strategie:

1. Non richiedere un giorno dopo che ha lasciato un messaggio.

2. Se ti manda messaggi e ti chiede di chiamare, non chiamarlo. E non rispondergli nemmeno al messaggio.

3. Se ti chiama e sei in qualche modo "occupato" o al telefono, richiamalo a un'ora e un giorno a caso.

4. Descrivi il numero 2 sotto "Imprevedibilità e spontaneità". Simile a tutto quello che ti sto insegnando, usa il "non chiamare" con parsimonia, è sufficiente per tenerlo effettivamente sulle spine.

Usare parole sexy.

Le parole che usate sono importanti quanto ciò di cui discutete. Una buona strategia per mantenere calme le relazioni è quella di dirigere la vostra intensità sull'argomento della conversazione, non su di lui. Tuttavia, il modo più potente di usare le parole è quello sessuale. Ci sono alcune parole che, quando cadono dalle labbra di una donna, fanno impazzire gli uomini.

- Mutandine.

- Perizoma.

- Sesso.

- Tette.

- Culo.

- (Qualsiasi parola usata per descrivere il sesso o il corpo di una donna o la biancheria intima sarà sufficiente qui).

Cospargendo la vostra discussione con queste parole, fate scivolare la sua mente su argomenti sessuali. State gestendo le sue idee, il che vi dà il vantaggio.

Distribuire il sesso come arma.

Considerati avvertito: Questo è il modo in cui lo fai senza metterti in un angolo sessuale, senza sembrare una presa in giro o senza diventare l'oggetto di un rancore:

- Sii sessualmente civettuola, ma non troppo civettuola. Thumbs-down include mostrarlo, toccarlo apertamente, o garantire qualcosa di specifico.

- Se siete tutti pronti a fare l'amore, allora fate in fretta le vostre condizioni.

- Se ti fa arrabbiare o non è stato attento, digli che hai bisogno di essere nello stato d'animo, che a causa delle sue azioni inappropriate, non sei nello stato d'animo. Non c'è bisogno di prenderne uno per il gruppo qui. Riprogrammate la vostra sessione.

- Essere intimi in momenti inaspettati e in luoghi imprevisti.

Domanda e risposta.

D:1 non ama giocare. Perché dovrei seguire questa guida, considerando che sembra un sacco di giochi?

R: I giochi sono divertenti. Se non è piacevole, allora è possibile che tu non stia giocando correttamente, o che tu stia giocando con qualcuno che bara. Dovresti trovare qualcuno con cui ami giocare e poi divertirti e rilassarti.

Il trucco per giocare - e vincere - il gioco è prestare attenzione e capire la natura umana. Offri il minor numero possibile di informazioni su di te mentre, a sua volta, impara più cose su di lui che su sua madre. È un gioco, e il tono deve sempre essere un occhiolino e una risata, segnalando che si sta solo divertendo.

Proprio come ogni gioco, la pratica rende perfetti. Ci saranno momenti di angoscia, intrighi e ripensamenti, ma quando migliorerete molto, comincerete a vederlo per quello che è: esaltante!